극우주의와 기독교

김진호 지음

극우주의와 기독교

포스트세계화 시대 민중신학적 정치비평
살림정치의 관점에서

김진호 지음

머리글

2024년 4월 4일, 한국기독교사회문제연구원 주최의 제2차 에큐포럼이 '한국교회 보수화와 정치참여'를 주제로 열렸다. 포럼 기획자는 '전광훈 현상'을 특별히 언급하면서 내게 발제를 요청했다. 조금 의아했다. 전광훈은 최근 몇 년 동안 개신교 전체에서 가장 정치적 주목도가 높은 인물이었다. 한데 총선 1주일 전, 극도로 과열된 정치의 시간에 그 이름이 언론에서 거의 사라지다시피 했다. 그러니까 이번 총선에서 전광훈 현상은 없었다고 해도 과언이 아니다. 한데 도대체 왜 전광훈이 궁금할까. 바로 이 물음은 내게 중요한 깨달음이 되었다.

전광훈에 연결된 가장 중요한 두 개의 연관어는 '개신교'와 '극우'다. 그런데 개신교는 이번 선거에서 이렇다 할 정치적 변수로 작용하지 않았다. 게다가 통념과는 달리, 전광훈은 현재 한국개신교를 이끄는 주요 인사가 전혀 아니다. 아니 오히려 그는 개신교계의 중심에서 아주 먼 비주류 인사다. 그가 얼마 전 사회적 주목을 받고 있을 때도 마찬가지다. 그러니 '정치'와 '개신교'를 연결하는 '전광훈'이라는 키워드는 사회적 오인의 결과일 뿐이고, 이번 총선에서는 그런 오인조차 없었다고 할 수 있다.

한편 '극우주의'는 최근 한국사회를 특징짓는 가장 중요한 키워드의 하나다. 이번 총선은 '윤석열 정부에 대한 심판'의 성격이 너무나 강력한 선거 구도(framing of election)를 형성하고 있다. 한데 여기에는 극우적 정권이 민주주의를 심각하게 후퇴시켜버렸다는 시민사회적 비판이 깊게 깔려 있다. 그러니 총선을 앞두고 전광훈을 논하려면 극우 현상을 이야기하는 게 당연한 일이겠다.

해서 나는 극우주의를 주제로 발제글을 쓰기로 했다. 물론 이번 선거에서 전광훈은 유의미한 변수가 아니지만, 그가 최근 한국의 '올드라이트' 현상이 발기하게 하는 데 중심 역할을 했다는 점에서 전광훈을 논하는 것은 언제나 중요하다. 여기서 내가 주목한 것은 왜 전광훈이라는 개신교계의 비주류 인사가 한국의 극우주의를 상징하게 되었는지의 문제다.

1997년 외환위기 이후 한국사회는 신자유주의적 세계화의 격랑 속으로 급격하게 휩쓸려 들어갔다. 그 출발점은 휩쓸려 간 것이지만 그 과정은 대단히 성공적이기도 했다. 한국은 빠르게 중위국에서 선진국의 대열에 진입했다. 이때 세계화의 중심 세력이 이 시기 급성장한 한국의 대형교회들과 밀접히 연관되어 있다는 점이 중요하다. 당연히 개신교의 주류는 이들 신흥 대형교회들이 되었다. 한데 세계화는 지구촌 어디에서도 심각한 양극화를 낳았다. 한국의 교회들과 신자들도 마찬가지다. 여기서 실패한 교회와 개신교도들 사이에서 극우주의가 빠르게 자랐다. 개신교가 극우주의와 친화적인 담론과 전통이 견고하게 자리 잡은 종교인 데다, 남다른 조직력과 행위구성력이라는 '밈'을 가진 종교였기에 극우주의의 토양으로 다른 어느 사회적 단위보다 적합했다. 거기에 전광훈 같은, 매우 선동적인 조직 운동가들이 개신교에는 무수히 많다.

한편 한국은 브레이크 없이 질주하는 신자유주의적인 '광속사회'로 빠르게 전환되어 갔다. 개신교 주류는 이런 변화의 승자들이었고 가장 중요한 추동자에 속했다. 한데 광속사회의 질주에 적응하지 못해서 병들어 가고 있던 청년들 사이에서 뉴라이트 현상의 하나인 '온라인 극우'가 자라고 있었다. 일부는 교회 밖에서, 또 일부는 교회 안에서 극우주의적 혐오에 빠져든 채 위험스럽게 괴물로 성장해갔다.

감찰(inspection)이라는 강압적 통치수단에만 의지하던 윤석열 정부는 빠르게 극우주의적 이념의 옷을 덧입으려는 노력에 박차를 가하게 되는데, 그 과정이 그리 순조롭지 못했다. 아니 무수한 시행착오로 점철되었다. 그렇게 2년이 지난 뒤의 선거가 바로 2024년 4·10총선이다. 극우주의적 정치의 퇴행성이 국민의 준엄한 심판대 위에 놓이게 된 것이다. 해서 이 발제는 이런 정치의 퇴행성에 대해 비판적인 그리스도인의 정치참여를 논하는 것으로 결론을 맺고 있다.

여기서 안병무의 말기 사유의 한 특징을 담은 '살림'이라는 용어가 주목된다. '죽임'의 대립항으로서 '살림'을 말한다. 안병무는 이 단어에 '문화'라는 말을 연결해서 쓰곤 했다. 즉 '죽임의 문화'에 대립하는 '살림의 문화'를 말한다. 이것은 홀로 살아남는 것이 아닌, 더불어 살기라는 함의를 내포한다. 그리고 그가 지속적으로 강조하는 것은 '민중'이 죽임의 문화의 희생양을 표상하는 존재라는 점이다. 나는 안병무의 '살림'을 민중신학적 정치신학의 키워드로 재해석해 그리스도인의 정치참여에 관한 신학적 해석을 시도하고 있다.

이 발제글은 이 책 4장에 수록되었다. 그리고 이 글 앞에 세 편의 글을 엮었다. 즉 4장은 이 책의 제일 마지막 장이지만, 실상 이 책의 기획은 4장부터 시작된 셈이다.

네 편의 글은 모두 발제글로, 약간 학술적이지만 전문적이진 않은 에세이들이다. 각 글마다 학문적 논점을 나름의 방식으로 재정리하고 다른 이론적 혹은 정세적 요소와 연결시킨 것들이다. 이 연결에는 나의 비평적 상상력이 크게 관여되었다. 대부분 기존의 학문적 논의들이 다루지 않았던 것들이기에 상상력이 필요했다.

이 글들을 발표된 순서대로 배치했다. 발표 원고는 거의 손보지 않았다. 시간도 부족했지만, 무엇보다도 완성도를 위해 글을 보완하다 보면 이 글들이 발표된 현장의 문제의식이 희석화될 수 있기에 발제 원고를 가급적 그대로 수록했다. 각 포럼의 기획자들은 그 포럼의 현장적 문제의식을 세팅한 주역들이다. 그들은 구체적인 당대의 정세적 상황에서 신학적이고 신앙적으로 어떤 해석이 유의미한가를 고려하면서 나에게 주제를 제시했다. 나는 최선을 다해서 그것에 답하고자 했다. 해서 그 결과물의 모음집인 이 책은, 학술작업이 아니라 조금 더 실용적 요구에 맞추어 정리한 것이다. 간단히 독서하기엔 조금은 어려울 수 있다. 하지만 그리스도교 사역자들과 신학생들, 개신교 활동가들, 그리고 사회적 문제의식이 가득한 신앙인들에게 각 주제에 관한 충실한 정보와 해석을 주고자 노력했다.

제1장에 배치된 글은 '한반도 평화와 신학 포럼'의 연례심포지엄 발제글이다. 2019년에 출범한 이 모임은 5년 단위로 매월 포럼을 열고 매년 연례심포지엄을 개최했다. 그리고 5년 동안 발표된 글을 선별해서 책으로 펴냈다.(『전쟁 넘어 평화, 탈냉전의 신학적 인문학』) 책의 제

목에서 시사되듯, 첫 번째 5년간의 연구주제는 '한반도 탈냉전과 평화신학'이었다. 해서 연례 심포지엄 날짜도 종전기념일인 7월 27일에 개최되었다. 나의 발제글은 이 모임의 4년차 심포지엄인 2022년 7월 27일에 발표되었다. 그때는 우크라이나 전쟁이 일어난 지 얼마 안 된 때였다. 그리고 이는 포스트세계화의 논의가 좀 더 강력한 논점으로 부각되던 시기이기도 했다. 그 무렵 미국의 바이든 정부는 포스트세계화의 경로를 '신냉전'으로 규정하려는 듯했다. 한국과 일본의 극우 정권은 이 냉전의 대열에 미국보다도 서둘러 진입하려 했다. 이때 윤석열 정부의 극우적 국제정치가 본격화되었다. 그리고 그 몇 년 전, 문재인 정부는 탈냉전의 경로로 포스트세계화를 디자인하려 했다. 나의 발제글은 이 두 포스트세계화 모색에 대해 비판하고 민중신학적 포스트세계화 기획을 이야기하고 있다. '살림'이라는 키워드가 그 논점의 중심에 있다.

제2장은 2023년 4월 17일, 한국민중신학회가 주관한 포럼의 발제글이다. 이 포럼은 긴급하게 구성한 것인데, 그 무렵 윤석열 정부가 진보적 개신교 운동가 몇을 국가보안법으로 기소하고 있는 상황에서 국가보안법에 대한 민중신학적 점검을 시도해보자는 취지로 구성된 것이었다.

내가 여기서 주목한 것은 동아시아 안보동맹에 관한 일본 극우파들의 서사가 한국의 극우파들에 의해 번안되어 활용되었다는 점이다. 한데 그렇게 번안된 한국의 극우파들의 안보동맹 프로그램이 윤석열 정부의 국제정치에 유사하게 적용되고 있었다. 그것은 1947년의 애치슨라인(Achesonline)을 우리 시대로 소환한 '신애치슨라인' 담론이라는 위기론에서 시작된다. 그리고 이는 한·미·일 삼각안보동맹론으로 연결된다. 한데 이러한 극우주의적 국제정치를 국내정치적 차원에서 작동시키는 장치가 바로 국가보안법이다. 그것은 일제강점기 때 발명된 것인데, 이승만 정부가 극우주의적 안보정치의 도구로 재활용하였고, 윤석열 정부도 이승만의 안보정치를 현재로 소환하기 위해 국가보안법을 재활성화하고 있었다.

한데 그것은 의도하지 않게 자기 자신을 내파하게 만드는, 일종의 자기 해체적인, 자폭장치일 수 있다. 기소와 수사를 독점함으로써 감찰정부를 구축했던 윤석열 정부에게서 국가보안법은 자신들의 유일한 권력의 근거인 법의 독점적 권위를 무력화하는 결과를 초래할 것이기 때문이다. 요컨대 이승만의 '48년체제'와 그 체제를 구성하는 가장 중요한 법률적 장치인 국가보안법을 오늘의 시대로 호출해 안보정치를 실현하고 싶었던 윤석열 정부는 바로 그 국가보안법이 내포하는 자폭적 속성으로 정권 자체가 해체될 위험에 처할 운명을 맞게 될 것이라는 얘기다.

제3장은 2023년 11월 5~7일에 열린 제주평화신학포럼의 발제글이다. 이 글은 제주4·3사건에 대한 이야기에서 시작한다. 이승만은 트루먼의 반공주의적 냉전체제 기획을 활용해 남한만의 단독정부를 수립하고 그 정부의 절대권력자가 된 인물이다. 이승만의 이러한 권력욕의 구현 과정은 '48년체제'의 구축 과정과 병행한다. 그리고 이러한 극우주의적인 폭력적 체제의 출발점에 제주4·3사건이 있다. 그런데 윤석열 정부는 '48년체제'를 소환해 한국사회를 극우주의적 통치성의 사회로 재구축하고자 했다. 하여 이 발제글은 윤 정부의

극우주의적 기획을 비판적으로 점검하고, 민중신학적 대안을 제안하고 있다.

총선은 사실 정치공학으로 점철된 정치의 시간이다. 하지만 선거 직후인 우리는 이제 공학이 아니라 인문학으로서 정치를 논하는 것이 필요하다. 경쟁에서 승리하는 것이 최종 목적이 아니라, 어떤 정치가 구현되어야 더 나은 사회가 될 수 있는지를 상상해야 하기 때문이다.

그리스도인에게 인문학으로서 정치는 신학으로서 정치, 곧 '정치신학'을 말한다. 하여 이 책은 민중신학적 정치신학을 이야기하고 있다. 나는 그것을 '살림정치'라고 부른다. 특히 이 책에서는 극우주의에 집중했으니, 여기서 살림정치는 극우주의적인 안보정치의 대립물로 제안되는 논점이다. 하지만 문재인 정부의 한반도 평화 프로세스에 대해서 논하는 것에서 드러나듯, 살림정치는 세계화와 링크된 평화 담론에 대해서도 비판적인 논점이다.

이 책은 도서출판 홀가분이 펴낸 두 번째 책이다. 몇 년 전부터 내가 맡았던 직과 역할을 하나씩 덜어내고 있고, 이제는 나의 거의 모든 직함에 '전(前)'이 붙게 되었다. 한데 새롭게 현직이 하나 생겼다. 홀가분 대표가 그것이다. 이름이 말하듯이 영리를 위해 최선을 다하는, 분주한 출판사가 아니라 홀가분한 출판사다. 손해를 최소화하는 것에 더 치중할 생각이고, 책을 만드는 데 너무 많이 기력을 뺏기지 않고자 일정을 잘 조정할 계획이다. 홀가분 출판사이기 때문이다.

많은 책을 기획했고 저작했지만 제작에 대해서는 거의 모르는 나에게 김지환 선생의 도움은 절대적이었다. 그는 경력 많은 편집자로서 많은 책을 출판해왔고, 나도 기획자로 참여하는 《가톨릭평론》의 편집장이다. 그의 도움이 없었다면 이 책은 너무나 허접해졌을 것이다. 그에게 깊은 감사를 드린다. 한국사 연구자인 정상희 선생은 이 책의 원고들을 꼼꼼히 읽어주었고, 중요한 오기들을 찾아냈다. 하나하나가 그가 아니었으면 놓쳐버렸을 것들이다. 최시내 선생은 표지 디자인을 맡아주었다. 그녀의 일상에 갑자기 끼어들어 급하게 만들어 달라고 부탁했음에도 나의 무뢰함을 성의껏 만든 표지로 답해주었다. 그의 부친이 나의 오랜 동료이자 절친이어서 '아빠 친구 찬스'를 얻는 행운을 얻었다. 자우녕 작가는 표지 디자인의 아이디어를 제공해주었다. 그뿐만 아니라 이 책 전체의 내용 구석구석에 그녀의 자문과 도움이 절대적이었다.

얼치기인 데다 게으르기까지 한 출판인이어서 홀가분의 첫 번째 책에는, 어처구니없게도, 출판사 로고를 넣는 걸 잊었다. 두 번째로 펴낸 이 책에서 비로소 로고가 들어갔다. 캘리그래퍼인 한신주 님이 멋진 로고를 만들어주었다. 그녀의 어머니가 이웃이어서 '이웃 찬스'가 이렇게 큰 힘이 되었다. 감사드린다.

그 밖에도 여러 사람의 손길이 있다. 그 모든 이들에게 깊이 감사의 말을 남긴다. 그리고 혹여 이 책을 읽어줄 몇 안 되는 익명의 독자께도 감사드린다. 그이 덕에 이 책은 나의 골방이자 사무실에서 탈출해 소박한 여행을 떠날 기회를 얻게 되었으니.

마지막으로 꼭 남겨야 할 말이 남았다. 이 책에 수록된 첫 번째 글이 발표되기 4일 전 새벽, 나의 친구이자 존경하는 멋진 학자 이경민 교수의 부인 박현우 님으로부터 전화를 받았다. 남편이 돌아가

셨다고. 아직도 그 떨리는 목소리는 머릿속에서 지워지지 않는다. 그 글이 발표된 다음 날 그의 유해가 한국에 도착했다. 그 글에서 다루는 내용을 두고 벌였던 격렬한 토론과 논쟁의 기억이 생생한데, 정작 글이 발표된 때 그는 우리를 떠나 하늘나라로 갔다. 하지만 이 책의 절반은 그의 몫이다. 하느님 곁에서 혹독한 비평의 날을 세우고 있을 그에게 이 책을 바친다.

2024년 4월 11일
새벽 골방에서

차 례

01
우크라이나 전쟁 이후 민중신학의 평화 담론

모스크바와 맥도널드, 그리고 세계화의 시작과 종말의 징후

2022년 5월 16일, '로이터통신' 발 뉴스가 전 세계로 타전되었다. 모스크바를 비롯한 러시아 전역에서 영업 중인 847개 맥도널드 매장 모두 영업을 중단하고 철수한다는 것이다. 맥도널드가 모스크바에 첫 영업점을 개설한 것이 1990년이니, 32년 만의 철수다.

프랑스의 비평가 기 소르망(Guy Sorman)은 세계화란 미국화에 다름 아니며, 이 미국적 자본주의의 세계화가 함축하는 천박함의 문명을 비꼬면서 '맥몽드(McMonde)'라고 비아냥댔다. 부르디외(Pierre Bourdieu)는 이윤만을 추구하면서 모든 것을 획일화하는 '맥도널드 문화'가 세계화를 특징짓는 문화논리라고 비판했다. 이렇게 맥도널드가 (이윤추구 행위를 최적화한 자본주의 시스템인) 세계화를 해석하는 키워드로 부상한 것은 맥도널드의 모스크바 진출 이후다. 한데 그 맥도널드가 모스크바에서 철수한다는 것이다. 하여 맥도널드의 모스크바 철수를 보도하는 매체들은 발 빠르게 '세계화의 종말'을 말하기도 했다.

왜 하필 모스크바인가? 사막지대인 네게브의 맥도널드 점이야말로 가지 못하는 곳이 없는 자본 침투력의 끝판왕이 아닌가? 데탕트 시대 이후 미국과 지속적인 적대관계에 있는 이란은 아직 맥도널드가 진출하지 못한 몇 안 되는 국가 중 하나인데, 그곳에 맥도널드점이 입점한다면 세계화의 완성이라고 해도 될 만하지 않은가? 하지만 맥도널드를 세계화의 키워드로 읽는 이들의 심상에 떠오르는 것은 모스크바 입점이라는 사건이었다.

'세계화'란 근대적인 공간적 장벽들을 해체하고 새롭게, 이윤의 최적화를 위해 이질적인 것들을 융합하고 분절시키며 재융합하는 관계의 재구축을 함축하는 개념이다. 그런데 모든 근대적 장벽 중 모스크바로 표상되는 장벽의 구축과 해체가 세계화의 시작과 종말의 징후를 표상하는 장소로 주목받는 것이다. 그것은 '냉전의 벽'을 돌파하는 것이 세계화의 실제 전개에서 얼마나 중요한지를 시사한다.

'세계화의 종말=신냉전의 출현'이라는 해석

2022년 2월 24일, 러시아가 우크라이나를 침략했다. 반러시아 감정이 전 세계 곳곳에서 극도로 고조되었고, 이런 반러 기조에 힘입어 수많은 국가가 러시아 제재에 동참했다. 맥도널드가 러시아에서 철수하기로 한 것은 바로 이런 제재 국면에서 발생했다. 해서 세계화의 종식을 말하는 주장이 실제로 가리키는 징후적 사건은 러시아의 우크라이나 침공이다. 그것은 이 전쟁으로 유럽에서 냉전체제가 다시 부활하게 되었기 때문이다. 6월 29일 개막된 나토정상회의에서 합의된 '신전략개념(New Strategic Concept)'은 유럽에서 신냉전 시대가 시작되었음을 천명했다.

물론 세계화 종말의 징후는 그 이전부터 곳곳에서 나타나고 있었다. 노동비용을 절감하고 원재료 공급이 원활한 최적지를 찾아 해외 각처로 떠나갔던 기업들의 자국 복귀를 뜻하는 리쇼어링(re-shoring) 현상이 2010년대 이후 빠르게 전개되고 있었다. 이런 현상은 수많은 사람들이 세계화가 심어놓은 장밋빛 꿈을 공유할 수 없게 되었다는 사실과 무관하지 않다. 원자재와 최종상품의 생산, 그리고 소비에 이르는 국경 없는 연동체계인 글로벌 가치사슬(global value chain)을 촘촘하게 구축하는 과정으로 진행되는 세계화는 최고급 품질의 상품을 저렴한 비용으로 공급함으로써 상류층이나 향유할 수 있는 고품격 삶의 질을 더 많은 이들이 일상적으로 체감할 수 있게 했다. 아니 그런 이데올로기로 둘러싸인 담론체계가 세계화다. 그런데 이런 이데올로기는 최저 생계수준을 훨씬 초과하는 수익이 보장된 이들이 사회의 다수를 구성하고 있어야 실현될 수 있는 담론이다. 하지만 실상은 이런 기대와는 너무나 달랐다. 사회의 양극화가 더욱더 극심해졌고 중산층이 몰락하고 있었다. 사람들은 저마다 살아남기 위한 생존경쟁에 몰두하거나 깊은 절망감에 좌절하여 무능력자로 전락했다. 세계화가 대다수 사람들에게 풍요롭지도 행복하지도 않다는 것을 많은 이들이 알아차리게 된 것이다.

그것만이 아니다. 글로벌 가치사슬은 원자재에서 최종상품에 이르는 체계적인 공급망이 원활하게 작동하지 않으면 심각한 타격을 받게 된다. 그리고 그 파장은 기업만이 아니라 사회 전반, 나아가 전

지구적인 위기로 이어질 수 있다. 즉 글로벌 가치사슬은 효율적으로 작동하는 글로벌 공급망(global supply networks)이 절대적으로 필요하다. 글로벌 공급망의 구축은 주로 국가의 역할과 밀접히 연결된다. 또 국가간 우호적 상호관계가 매우 중요하다. 하지만 국제관계에서 이런 불안정성은 상존한다. 가령 사드(THAAD) 배치 문제로 발생한 중국의 경제보복은 한·중 간의 글로벌 가치사슬을 무력화했고, 일본의 반도체 '소·부·장(소재, 부품, 장비) 보복' 또한 한·일 간의 글로벌 가치사슬을 무력화시켰다. 그런데 그런 글로벌 공급망의 불안정성을 보여주는 사건이 점점 더 빈번하게 세계 곳곳에서 발생하고 있었다.

이에 해외로 떠난 기업들의 리쇼어링을 요구하는 사회적 여론이 들끓었다. 이러한 여론은 국가의 정책에 영향을 미친다. 하지만 그것이 곧바로 기업의 리쇼어링으로 이어지지는 않는다. 기술집약성이 높은 기업들은 제조의 스마트화를 통해 노동비용을 절감하는 전략을 구사하곤 했다. 노동자의 역할을 AI가 대체하게 되는 것이다. 이것은 국가가 기업의 리쇼어링을 정책적으로 지원한다고 해도 취업률이 기대한 만큼 높아지지는 않게 된다는 것을 의미한다. 하여 세계화는 중산층의 몰락과 양극화를 심화시켰다. 미국의 트럼프 현상을 비롯한 세계 각국에서 일어나는 반지성주의와 증오의 정치 심화 현상은 세계화가 초래한 양극화 위기의 반향으로 해석되곤 했다.

그래도 2019년까지는 글로벌 공급망의 위기가 어느 정도 관리되고 있었다. 한데 코로나 팬데믹 사태에 직면해서 글로벌 공급망은 거의 전 영역에서 마비되었다. 그렇다면 세계화 체제 몰락의 결정적

원인일 수 있는 코로나 팬데믹의 발생 이유는 무엇일까. 박쥐와 공생관계에 있던 바이러스의 종간 감염(inter-species infection) 현상은 가장 널리 통용되는 가설인데, 이것은 세계화가 낳은 부작용이었다는 주장과 연결된다. '종의 경계'를 넘는 바이러스의 거대한 이동은 세계화의 산물인 동시에 세계화 종식의 결정판이라는 얘기다.

더욱 심각한 것은 기후위기다. 그로 인한 재앙은 상상을 불허할 만큼 거대하고 치명적이다. 하지만 위기를 방어하거나 극복하는 일은 거의 불가능에 가깝다. 한데 이런 기후위기의 가장 중요한 원인이 세계화라는 견해가 일반적이다. 세계화는 겨우 지탱했던 지구의 자정능력을 결정적으로 망가뜨렸다는 것이다.

이러한 세계화 퇴조의 징후가 누적되는 시점에서 러시아가 우크라이나를 침공했다. 벨라루스도 조지아도 체첸도 푸틴 체제의 호전성의 희생양이 되었지만, 그땐 이번과 같은 거대한 반러 여론이 세계적으로 일어나지는 않았다. 한데 이번엔 달랐다. 세계는 러시아에 분노했고, 전쟁 이후 세 달 동안 모르는 체하며 모스크바점을 유지하던 맥도널드 경영진도 마지못해 철수를 선언했다.

앞에서 언급한 여러 세계화의 징후들보다 더 결정적인 세계화 종식의 징후로서 우크라이나 전쟁을 부각시킨 것은 미국의 바이든 정부의 전략과 밀접한 연관이 있다. 바이든 정부는 전쟁 이후 발 빠르게 냉전적인 글로벌 공급망을 무기화하는 기획을 디자인했다. 반도체와 배터리의 국제공급망에서 러시아와 중국을 배제(decoupling)하고자 한 것이다. 여기서 중국이 소환되는 것은 중국이 러시아와 한편이라고 보았기 때문이다. 사실 그런 조짐이 명백히 있었다. 미국의 대중국 압박이 점점 촘촘하게 조여지고 있는 상황에서 시진핑 체제에 대한 전 세계적인 악마화 담론이 확산되자 2022년 베이징 올림픽 당시 시진핑과 푸틴은 '제한 없는 파트너십(no-limits partnership)'을 천명했다. 그런데 미국이 반도체와 배터리를 동맹의 무기로 끌고 들어온 것은, 바이든의 냉전기획의 과녁이 러시아가 아니라 중국에 맞추어져 있다는 것을 시사한다. 현행의 세계화를 추동하는 핵심 산업인 이 분야에서 중국이 미국을 위협하기에 충분한 능력을 갖추었기 때문이다.

반도체와 배터리는 2019년 이후 유럽과 미국의 경제 전문가들에 의해 지난 세기의 석유처럼 새로운 글로벌 공급망의 핵심자원으로 평가되곤 했다. 해서 그들은 글로벌 공급망의 안정을 위한 '새로운 오펙(OPEC)'의 필요성을 제기했다. 이때까지 '새로운 오펙'의 필요성을 강조하는 주장들은 글로벌 가치사슬을 효과적으로 작동시키기 위한 위기관리의 관점에서 제기되었다. 한데 바이든 정부의 재무장관이자 저명한 경제학자인 재닛 옐런(Janet Louise Yellen)은 '가치동맹(value alliance)'의 필요성 속에 글로벌 공급망이 재구축되어야 한다고 주장했다. 이것이 의미하는 바는 중국과 러시아를 고립시키는 글로벌 공급망을 만들고자 한다는 것이다. 해서 그녀는 반러·반중의 가치동맹세력이 결속하여 재구축한 글로벌 공급망 안에서 글로벌 가치사슬이 작동되게 해야 한다고 주장하면서, 기업들이 자국으로 회귀하는 리쇼어링이 아닌 동맹국 간의 네트워크 안에서 움직이는 '프렌드쇼어링(friend-shoring)'의 필요성을 주장했다.

여기서 '글로벌 가치사슬'의 '가치(value)'는, 앞서 말했듯이, 냉전의 장벽 같은 일체의 단절의 장소성을 꿰뚫는 시장 네트워크를 통해 전 세계 모든 사람이 고품격의 상품을 저렴하게 소비할 수 있는 세상을 향한 꿈이 함축되어 있다. 반면 '가치동맹'의 '가치'는 이웃 나라(우크라이나, 벨라루스, 조지아, 체첸 등)를 침략하는 것에 반대하고, 소수민족(티베트, 위구르 등)의 자존권을 훼손하는 것에 반대한다는 명분 아래 주장되었다. 물론 이 '아름다운 주장'들을 곧이곧대로 받아들이는 순수함은 현실을 이해하는 데 별로 도움이 되지 않는다. 왜냐면 그 속에는 미국의 헤게모니 전략이 내포되었기 때문이다.

이렇게 바이든 정부는 글로벌 공급망의 재구축 동기를 '경제'에서 '윤리'로 전환시키려 한다. 물론 이 '윤리'에는 단절의 장소성으로 세계의 질서를 구축하려는 미국적 욕망이 담겨 있다. 그리고 이러한 단절의 장소성을 통한 세계의 질서를 대표하는 것이 냉전체제다. 즉 경제에서 윤리로의 프레임 이동은 세계화에서 냉전으로의 이동을 의미한다. 이윤을 통한 가치사슬을 구축하는 데 주축의 역할을 한 것은 '뉴욕'으로 상징되는 금융시장세력이다. 반면 워싱턴은 정치적 헤게모니 담론이 형성되는 상징적 장소다. 해서 미국적 관점에서 탈세계화와 신냉전으로의 전환을 이야기한다면, 세계화 시대가 '뉴욕'의 헤게모니에 '워싱턴'이 견인되는 시대였다면, 냉전 시대는 '워싱턴'의 헤게모니에 뉴욕의 금융자본의 욕구가 견인되는 시대라고 할 수 있다.

요컨대 바이든 정부는 '새로운 냉전'체제의 도래를 통해 미국의 세계 헤게모니를 유지하려 한다. 많은 매체는 우크라이나 전쟁을 '세계화의 종말과 신냉전 시대 도래'의 결정적 징후라고 해석하곤 했다.

'세계화의 종말=전략적 냉전'이라는 해석

지금까지 우리는 우크라이나 전쟁을 세계화의 종말과 신냉전의 출현 계기로 해석하는 견해에 대해 살펴보았다. 그러나 실제는 그렇게 단순하지 않다. 말했듯이 그런 해석을 주도한 것은 바이든 정부였다. 여기서 우리는 혼란에 빠지지 않을 수 없다. 앞에서 말했듯이 기 소르망이나 부르디외 등 많은 사상가에 의하면 다양한 양상으로 전개되는 세계화의 흐름들을 주변화하고 마치 하나의 거대한 흐름처럼 만들어버린 것은 이른바 미국적인 '천박한' 자본주의였다. 해서 그들은 세계화란 미국화에 다름 아니라고 말하기까지 했다. 이때 미국적인 천박함의 요체는 모든 가치와 전통을 다 녹여버리고 이윤율에 집착하는 것을 말한다. 한데 미국의 바이든 정부가, 명분으로나마 가치를 전면에 내세우는 정치권력의 한 분파가 이 세계화 종말 시나리오를 주도했다는 것은 도대체 무엇일까.

이 모순에 대한 일반적인 해석은 '중국을 견제하기 위해 미국이 세계화를 종식시켜야 했다'는 것이다. 미국은 세계의 패권국가가 된 이후 자국 GDP의 40%를 상회하는 나라가 있을 경우 그 나라의 성장잠재력을 무너뜨려 왔다고 한다. 1970년대 소련이 그랬고 1980년대 일본이 그랬다. 한데 2000년대에는 중국이 그런 나라로 부상했다. 중국이 미국 GDP의 40% 수준에 도달한 때는 2008년 무렵이었다. 하지만 리먼브라더스 발 금융위기로 허덕이던 미국은 어떠한 조처도 취할 수 없었다. 그러는 사이 중국은 고속성장을 거듭하여, 코로나 팬데믹이 한창인 2020년에는 70%를 넘어섰다. 미국의 권위 있는 싱크탱크인 부르킹스 연구소는 2028년에는 중국이 미국을 추월하게 될 것이라는 분석을 내놓았다.

사실 중국의 급성장은 세계화의 결과였다. '핑퐁외교'라는 국제적 이벤트를 계기로 미국과 중국을 가르던 '죽의 장막'이라는 이름의 냉전체제가 해체되면서 중국도 세계화의 거대한 네트워크 속에 편입되었다. 그것이 세계경제에 미친 영향은 실로 엄청났다. 전 세계는 '메이드인차이나(Made in China)'가 새겨진 상품으로 가득하게 되었다. 당연히 이 과정에서 가장 큰 이익을 얻은 나라는 중국이었다.

여기서 주지할 것은 세계화의 흐름을 주도한 것이 미국이라는 사실이다. 구체적으로 말하면 미국의 글로벌 자본이다. 그리고 그들의 세계화 담론의 중심 장소는 '뉴욕'이다. 그러니까 중국을 글로벌 가치사슬에 편입시킴으로서 벌어질 세계화의 장밋빛 판타지를 주도한 담론 세력은 뉴욕 중심의 글로벌 자본인 것이다. 전 세계의 자본들은 이 미국적 세계화 담론에 충성스럽게 공조했다.

한데 또 다른 미국은 그런 중국의 상승을 좌시할 수 없었다. 그들은 미국의 정치경제적 헤게모니를 우선으로 하는 세력이다. 그리고 그런 국가주의적 담론의 중심 장소는 '워싱턴'이었다. 여기에는 미국 정치를 주도하는 두 당인 민주당과 공화당 모두 별반 차이가 없다. 하지만 민주당이 훨씬 더 적극적이었다. 오바마와 바이든 정부가 그랬다. 특히 추월당할 위기에 발등 찍힌 바이든 정부는 굉장히 강력한 중국 압박에 나섰다.

앞에서 언급한 나토정상회의에서 채택된 '신전략개념'은 러시아의 우크라이나 침공에 대응하면서 과거에 '전략적 파트너'였던 러시아를 고립시키는 '냉전의 장벽'을 세우는 내용을 중심으로 하고 있다. 한데 이 대목에서 뜬금없이 중국을 등장시킨다. 위에서 언급한 것처럼, 최근 중국과 러시아는 한층 가까워졌다. 하지만 중국이 전쟁가해국인 러시아에 적극적이든 소극적이든 동조하는 유일한 나라가 아니라는 점에서 뜬금없다. 그럼에도 중국을 나토의 이익과 안보와 가치에 도전하는 세력으로 규정하고 있다. 이것은 곧바로 중국의 강경한 반응을 야기시켰다. 하여 중국과 러시아를 고립시키는 장벽이 재구축된 것이다.

그런데 나토의 이런 태도가 과연 나토 가입국의 일관된 입장일까. 주목할 것은 신전략개념의 단호함에도 불구하고 독일, 프랑스 등 나토 중심국가들을 포함한 많은 나토 회원국들은 냉전의 장벽을 재구축하는 일에 소극적 태도를 보였다는 사실이다. 해서 나토의 신전략개념은 나토의 모든 회원국의 실질적 동의에 기초한 것이 아니다. 아니 그것은 처음부터 끝까지 바이든 정부의 입장을 과도하게 반영한 것이다. 해서 바이든이 강조하는 '윤리의 장벽'은 나토 회원국들에서조차 균열이 심한 허술한 장벽이다.

그뿐이 아니다. 미국의 전통적 우방국이던 이스라엘, 사우디아라비아, UAE 등이 러시아와 중국에 대한 제재의 대열에 동참하지 않았고 인도, 인도네시아, 브라질, 남아공, 멕시코 등 각 대륙을 대표하는 '글로벌 남반부(global South)' 국가들도 마찬가지였다.

바이든 정부는 '가치동맹'이라는 이름으로 윤리적 장벽을 구축하고자 했는데, 세계의 많은 나라가 그 '윤리'에 동참하지 않았다. '윤리'가 이해관계를 압도하는 행위의 준거로 작동하려면 '보편성'을 세계 각국으로부터 공준받아야 하는데, 많은 나라는 그 '윤리'가 글로벌한 보편적 윤리가 아니라 자국 중심주의적인 워싱턴의 윤리에 지나지 않는다고 보는 것이다.

과거 냉전 시대에는 이념의 장벽이 윤리적 보편성을 지닌다는 포괄적 합의가 우세한 논리로 작동했다. 그런 논리에 적극적인 세력이 각국의 정부를 구성했기 때문이다. 한데 2022년 미국 바이든 정부가 주도한 가치동맹의 윤리는 그런 합의가 부재하다. 앞으로 그렇게 될지 아닐지 가늠할 수 없다. 다만 현재의 관점에서 그것은 냉전의 재구축이라는 의미의 '신냉전'이라기보다는 '전략적 냉전'에 가깝다. 냉전에 대한 윤리적 동의보다는 미국의 적극적 경계짓기의 압박에 대한 전략적 동의에 기반을 둔 냉전인 것이다.

문재인 정부의 해석: 세계화의 확장과 동아시아 · 한반도 탈냉전

시계를 조금 앞으로 돌려보자. 2018년 평창동계올림픽이 열렸다. 여기에 북한선수단 46명과 응원단 229명이 참여했다. 한국정부가 주도하고 국제올림픽위원회가 공조한 평화 이벤트가 꽁꽁 얼었던 양국의 관계 개선이라는 결실을 맺었다. 곧이어 남북회담이 재개되었고, 양국 정상이 만나는 역대급 국제 이벤트가 열렸다. 그리고 한반도 종전선언을 위한 미국과 북한의 정상회담이 이어졌다. 이에 트럼프와 김정은을 회담장 안으로 불러들인 '문재인 정부의 운전자론'이 부상했다.

운전자론이 성공적으로 작동했던 것은 문재인 정부의 평화구상이 한반도를 둘러싼 당사국들의 이해관계를 엮어놓았기 때문이다. 이미 세계화의 대열에 들어선 중국과 러시아는 극동지역을 글로벌 가치사슬에 편입시키려는 계획을 추진하고 있었다. 세계화의 부작용인 지구온난화로 북극의 빙하가 녹아내리면서, 선박이 그 지역을 통과하는 것이 가능하게 됨으로써 이런 계획의 실현 가능성이 한층 더 구체화되었다. 동북아 지역의 자원을 중계하는 허브항 역할을 두고 도쿄, 상하이, 부산이 경합을 벌이고 있었다. 박근혜 정권 초기인 2014년 드레스덴 선언(Dresden Declaration)으로 한반도 평화체제를 위한 구상이 제기된 바 있었으나, 북한을 회담장 안으로 끌어들이는 기술의 부족으로 그 당시엔 조금도 진척이 없었다. 하지만 문재인 정부는 종전선언에서 남북철도 건설로 이어지는 평화구상을 통해 글로벌 공급망을 구축함으로써 글로벌 가치사슬을 실현하는 동북아 허브항 경쟁에서 부산의 입지를 결정적으로 격상시켰다.

이로써 문 정부는 뉴욕 중심의 글로벌 자본의 지지를 받아내는 데 성공했다. 하여 동북아 허브항으로서 부산을 발전시키는 데 국제적 자본의 투자가 줄줄이 성사되고 있었고 막대한 비용이 드는 남북철도 건설사업에도 투자의 유치가 충분히 기대되었다. 이는 트럼프 정부를 회담장 안으로 끌어들이는 것으로 이어졌다.

요컨대 문재인 정부의 한반도 평화구상은 자본의 세계화 담론의 망 안에서 디자인된 것이다. 뉴욕 중심의 글로벌 자본은 세계에서 하나 남은 냉전지대인 동북아를 탈냉전화함으로써 이곳의 풍부한 자원을 활용하는 글로벌 가치사슬이 더욱 효과적으로 작동되게 하여 막대한 초과이윤을 획득하고자 했다. 문재인 정부는 그런 자본의 욕구를 평화체제와 연계함으로써 '명분 있는 세계화'의 알리바이를 제공하였다. 그것이 문재인 정부의 운전자론이 세계의 많은 매스미디어로부터 기대와 극찬을 받았던 이유다.

그러나 트럼프 정권이 종전선언을 바로 앞둔 상황에서 등을 돌림으로써, 문재인 정부의 평화구상은 최종적으로 좌절되고 말았다. 트럼프 정부가 그런 변덕을 부린 것은 이 정권의 원천적인 불안정함이 낳은 결과였다. 트럼프 체제는, 비교적 안정된 지지기반을 갖고 있던 오바마 정권에 반대하는 다양한 세력의 전략적 결합체였기에 집권 이후 일관된 정치를 펴지 못했다. 트럼프 자신이 투기자본가로서 정치적 공리보다는 이윤지상주의적 실용 정권을 추구했음에도, 동시에 존 볼턴으로 대표되는 네오콘적 극우이념세력에 경도되곤 했다. 볼턴은 트럼프가 동아시아 냉전체제를 해체함으로써 중국의 팽창주의에 기회를 주는 통치자가 되지 않도록 영향을 미친 것으로 보인다.

하여 2018년부터 이듬해까지 왕성하게 전개된, 동북아 지역의 세계화 프로젝트는 냉전 해체를 실현하지 못함으로써 실패하고 말았다. 이것은 전 세계적으로 냉전과 세계화를 둘러싼 경쟁에서 냉전이 주도권을 쥐는 하나의 계기가 되었다. 그리고 2022년 우크라이나 전쟁은 바야흐로 전 세계를 냉전의 소용돌이 속에 휘몰아 넣었다. 지속적으로 냉전을 추구한 일본과 모호한 태도의 대만, 그리고 세계화를 적극적으로 추구한 한국의 윤석열 정권은 모두 우크라이나 전쟁 이후 미국보다 더 강력한 냉전세력으로서 갈등의 전면에 서게 되었다.

민중신학의 해석: 포스트세계화의 기획으로서 '살림'

한반도 평화체제에 관한 문재인 정부의 구상은, 위에서 보았듯이, 세계화의 확대를 지향하는 자본 분파의 욕구와 연결되어 있었다. 어찌 보면 그러한 자본의 욕구를 '공공성의 확대'라는 차원에서 활용한 결과일 수 있다는 점에서 긍정적 평가가 가능하다. 그러나 다른 한편, 문 정부의 평화체제 구상은 지구온난화로 녹아내리는 북극 빙하를 자본축적에 활용하려는 자본의 욕구에 편승했다는 점에서 지구적 공공성의 위험을 간과하고 있었다. 또한 문 정부의 구상은 세계화의 확대가 가져다줄 성장에 대한 국가주의적 낙관론을 기반으로 했지만, 그것이 분배의 위기를 더욱더 심화할 우려에 대해서 이렇다 할 대안을 갖고 있지 않았다. 아마도 평화체제가 가져다줄 막대한 경제적 이윤이 낙수효과로 이어질 것을 막연히 기대했던 것 같고, 다른 한편 문 정부가 추진하고 있던 국가복지 정책이 그것을 보충해줄 수 있다고 기대했을 것이다. 하지만 세계화가 더욱 활발하게 진행되면 국경을 넘는 인구의 유입이 크게 증가할 것이 분명하다. 국가복지는 이 문제에 대한 대안일 수 없다. 물론 청와대 민정수석이던 조국이 주도한 헌법 개정안에서 기본권의 주체를 '국민에서 사람'으로 바꾸겠다고 천명한 것은 이 문제에 대한 중요한 해법, 아니 최소한 그 실마리가 될 수 있었다. 하지만 정부가 발의한 이 헌법 개정안은 국회에 상정되지도 못했다. 야당과 주류 언론의 반대도 강했지만, 문 정부를 구성하는 다수의 인사도 이 논점에 대해 공감하지 않았다. 해서 문 정부는 집권기간 내내 이 논점을 반영한 어떠한 개혁조치도 실행에 옮기지 않았다.

한편 문재인 정부가 주도했던 평화구상의 실패는 전 세계적으로 평화보다는 냉전의 정치가 더욱 활개 치게 하는 계기가 되었다. 그 것은 트럼프 정부가 이후 대중(對中) 견제에 적극적 행보를 취하게 된 것과 관계가 있다. 이것은 냉전의 장벽을 허물고 글로벌 가치사슬을 더 촘촘하게 작동하게 하려는 자본의 관심을 제한하는 효과가 있었다. 여기에 바이든 정부는, 앞에서 말했듯이, 훨씬 더 적극적으로 냉전의 장벽을 강화하는 정치를 폈다.

그러는 중에 우크라이나 전쟁이 벌어졌고, 미국은 이 전쟁을 계기 삼아 냉전의 선을 전 지구적으로 확장하고자 했다. 그러나 그것이 세계화를 종식시킨 것은 아니다. 그런 해석들은 센세이셔널리즘에 경도된 과잉해석이다. 글로벌 공급망이 냉전의 장벽에 막히게 되었다는 점에서 세계화 추세는 단절되었지만, 그 단절의 장벽 내에선 어떠한 장벽에도 구애받지 않는 세계화가 계속되었다는 점에서 세계화는 건재하다. 앞에서 인용한 재닛 옐런의 '프랜드쇼어링'은 자국을 떠난 기업들이 모든 글로벌 가치사슬을 철폐하고 자국으로 리쇼어링하기보다는 동맹국들 내에서 여전히 오프쇼어링(off-shoring)하는 하는 것이 필요하다는 주장이다. 해서 '세계화 종식'이 아니라 단절과 지속의 세계화라는 뜻의 '포스트세계화'라는 말이 현재의 지형에서 더 적합한 표현이다.

아무튼 세계화는 양극화를 심화시켰고, 많은 이들은 몰락하는 한편에 속하지 않기 위해 살인적인 무한경쟁에 혼신을 다하게 되었으며, 이미 몰락한 이들은 상승에 대한 기대를 포기한 채 무력감과 좌절감을 안고 살아간다. 한데 그것은 또 다른 문제로 이어졌다. 사람들은 일상에서 매우 폭력적인 존재가 되었다. '더 약한 이들'을 향한 폭력이 일상화되었다. 이런 폭력은 인종, 성, 비국민 등을 향한 범주적 공격성으로도 나타났다. 전 세계로 범주적 폭력(categorial violence)이 급증했다. 흔히 '혐오범죄(hate crime)'라고 부르는 현상이 세계 곳곳에서 폭발적으로 증가한 것이다. 그리고 그런 혐오주의를 부추기는 정치세력이 득세하고 있다. 우크라이나 동부에서 벌어진 러시아계 우크라이나인들을 향한 신나치주의자들의 대규모 혐오범죄는 러시아가 우크라이나를 침공하는 명분이 되었다. 한편 '더 약한 인간'만이 이러한 폭력성의 유일한 피해자는 아니다. 비인간적 존재, 나아가 비생명체들도 인간의 폭력성의 희생자가 되었다. 여기에 세계화로 인해 극대화된 지구 파괴 문명도 문제다.

세계화가 낳은 이런 위기가 냉전체제를 불러왔다. 즉 포스트세계화가 오늘날에는 냉전이 확대되는 양상으로 구현되고 있다. 그것은 인간의 폭력성, 혹은 인류 문명의 폭력성을 성찰한 결과가 아니라 그것을 퇴행적으로 해석한 정치 공간의 확대를 뜻한다.

오늘의 민중신학이 직면한 현실은 바로 여기다. 귀속 공간을 박탈당한 존재들, 민중신학이 오클로스라고 부른 존재들은 오늘날 세계 곳곳에서 자신이 겪는 고통을 스스로 말하지 못한 채 죽음 같은 삶을 살고 있다. 냉전의 장벽은 글로벌 가치사슬을 구축하는 기업들의 이동을 제한하는 거대한 하나의 장벽으로 존재하지만, 오클로스들에게 냉전의 장벽은 무수한 '미시적 장벽들'로 구현된다. 자이니치(在日) 정치학자 강상중은 그것을 '내적 국경들'이라고 불렀다. 즉 포스트세계화의 공간 구석구석에 무수한 내적 국경들이 촘촘하게 만들어지고 있다. 해서 그 장벽을 넘지 못한 오클로스들은 장벽 주변에서 주검이 되고 있다.

장벽 저편의 주검이 되어가는 오클로스들은 자신의 이해관계를 이야기할 언어를 잃어버린 자들이다. 민중신학은 그런 이들의 증상을 '사회적 실어증(social aphasia)'이라고 말했다. 자신을 표현할 언어가 유실되었으니 그들은 존재하지 않는 자 곧 주검이 된 자들인 것이다. 하여 주검 같은 존재들인 오클로스들은 계급으로 주체화되지 못한 비계급이며 서민의 자격을 박탈당한 비서민, 곧 언더클래스(underclass)이고 언더커먼스(undercommons)다. 또 적지 않은 경우 그들은 악마화되어 표상된다. 실제로 그런 악마성에 걸맞게 그로테스크한 행위를 벌이기도 한다. 민중신학은 오래전부터 실어증 상태에 놓인 이런 자들, 때로 자신을 부적절하게 드러내기만 하는 자들을 찾아내고 그들의 은폐된 몸의 언어를 경청하며 그것을 사회에 증언하는 일을 담당하는 것을 소명으로 삼아왔다. 또한 그들을 실어증 걸리게 만들어 놓은 질서에 균열을 내는 것을 과제로 삼아왔다.

세계화에 공공성을 부여하든 아니면 (전략적) 냉전체제에 공공성을 부여하든, 모든 장벽을 허물든 냉전의 장벽을 가설하든, 그런 공공성은 언더클래스 혹은 언더커먼스들에겐 '루저들의 게토'로 내몰리는 질서에 다름 아니다. 왜냐면 그 공공성은 계급으로서 혹은 시민으로서 사회적 발언권을 갖고 있는 이들이 참여하는 공론장(규범적 의사소통의 장)에서 소통되고 합의된 공공성에 지나지 않기 때문이다. 해서 민중신학은 규범적 공론장의 의사소통 체계에 이의를 제기하는 논리를 발견하는 임무를 수행해야 한다. 그런 규범적 공론장은 마치 종교처럼 절대적 진리의 보증을 받았기 때문이다. 해서 그런 질서의 종교성을 비판하는 것이 요청된다. 이것이 민중신학이 필요한 이유다.

한편 규범적 공론장에서 배제된 이들, 언어를 박탈당하고 죽은 자처럼 존재하는 언더클래스 혹은 언더커먼스들은 불협화음 같은 존재다. 그들은 언어가 되지 못한 소리를 발화하거나 기괴한 몸짓으로 표현한다. 규범적 공론장은 그들의 소리를, 몸의 언어를 듣지도 보지도 못한다. 해서 규범적 공론장이 만들어낸 질서에는 그런 이들이 배제되어 있다. 급진민주주의론을 제기한 에르네스트 라클라우(Ernesto Laclau)와 샹탈 무페(Chantal Mouffe)는 이런 불협화음의 공론장을 '아고니즘적 공론장(agonistic space)'이라고 불렀다. 한국의 드라마 〈사이코지만 괜찮아〉는 정신장애자들의 요양병원에서 아고니즘적 공론장이 어떻게 구현되는지를 상상적으로 묘사한 바 있다. 민중신학은, 상상적 공간이든 실재하는 공간이든 이 드라마처럼 불협화음들이 공감을 일으키고 소통을 구현해 가능 장들을 만들어내는 것을 발견하고 그것을 규범적 공론장에서 전시 혹은 증언하는 역할을 담당할 필요가 있다. 거기서 그 전시된 텍스트는 스스로 말하고 관람자들과 이야기 나눔을 할 수 있을 것을 기대하면서. 그러면 관람자는 관조하기만 하는 이가 아니라 오클로스와 함께 행동하는 이가 될 것을 기대하면서. 그것을 민중신학은 '(민중)사건'이라고 불렀다.

이를 요약하면 이렇다. 문재인 정부는 포스트세계화 시대의 평화 문제를 언더클래스 혹은 언더커먼스를 생략한 채 만들어내는 공공성으로 구체화하려 했다. 윤석열 정부는 냉전체제 하에서 자본의 이해 확대에 집착하면서 그것이 마치 서민에게도 유용하다는 주장을 공론장에서 펴고자 한다. 그러나 민중신학은 어느 경우든 그런 공론장이 언더클래스 혹은 언더커먼스에게는 위선적이며 폭력적인 공공성에 지나지 않음을 고발하는 과제를 안고 있다.

한데 여기서 민중신학은 좀 더 확대된 지평으로 생각을 발전시킬 필요가 있다. 안병무는 그것을 죽임의 체제를 넘어서는 '살림'이라는 화두로 제기한 바 있다. 문재인 정부의 평화체제가 함축하는 공공성이 지구적 공공성의 위험을 내포하고 있다는 점은, 그것이 죽임의 체계와 동거하는 평화 담론임을 시사한다. 윤석열 정부의 핵에너지 확장론은 좀 더 노골적인 죽임의 체계를 보여준다. 캐서린 켈러는 언더커먼스를 인간만이 아니라 모든 존재하는 것으로 확장하여 해석한다. 서민의 체계에 의해 폭행당하는 모든 존재가 언더커먼스다. 하여 안병무의 오클로스를 살리는 체계인 '살림'은 캐서린 켈러가 추구하는 우주적 언더커먼스를 포괄하는 공공성의 체제로서의 종말론 담론과 중첩되면서 서로를 보완한다. 하여 우리 시대 민중신학의 평화 담론은 포스트세계화 시대의 다양한 공공성이 간과한 배제된 존재들의 '살림'에 관한 담론이라고 규정지을 수 있다.

02
포스트세계화 시대, 안보정치와 살림정치

신애치슨라인?

전광훈과 같은 교단 출신 목사이고 광고 마케팅 전문가로서, 이명박 전 대통령의 홍보기획비서관을 지낸 추부길은 자신이 발행인으로 있는 극우 인터넷매체 《와이타임스(WhyTimes)》의 2018년 4월 9일 자 기고문[1]에서 일본의 극우 인터넷매체 《자크자크(zakzak)》의 3월 31일 자 기사 하나를 소개한다. 이 일본 기사는 '신애치슨라인'의 가능성을 제기하고 있다.

이 주장이 제기된 시점은 판문점 선언(이하 '4·27선언') 직전이었다. 남·북한 정상이 만나서 한반도 평화체제와 동아시아 탈냉전의 가능성을 천명한 이 선언은 4월 27일에 있었다. 이 선언이 공포되자 전 세계적인 환호가 쏟아졌다. 세계화 이후 분배구조는 후진국에서는 말할 것도 없고 복지가 발달한 선진국에서조차 퇴조하고 있었다. 민주주의는 헤어 나올 수 없는 위기를 맞았고, '증오의 정치'를 표방

---

1) http://whytimes.kr/skin/news/basic/view_pop.php?v_idx=1202.

하는 극우정치 세력이 많은 나라에서 약진했다. 과거 산업화 시대에 사회의 진보적 변화의 쌍두마차였던 노동조합과 진보정당은 회복할 수 없을 정도의 정치적 패배를 거듭하고 있었다. 한데 한국에서 펼쳐진 대대적인 시민행동이 극우적 선거연합을 분쇄하는 개가를 이룩했다. 이른바 '촛불혁명'이라고 불린 이 시민행동에 세계 유수의 진보적 매체들은 아낌없는 찬사를 늘어놓았다. 노동조합이나 진보정당이 힘을 발휘하지 못했음에도 시민행동은 피 흘리지 않는 변혁을 이룩했다는 것이다. 그런 환호 속에서 등장한 문재인 정부는 '4·27선언'으로 표상된 한반도 평화체제와 동아시아 탈냉전이라는 선물 세트를 펼쳐놓았다. 또 한 번 세계적인 찬사가 쏟아졌다. 동아시아는 초강대국들의 복잡한 이해관계가 대립적으로 얽히고설킨 적대적 공존의 질서가 견고히 작동하는 장이었다. 그 속에서 수동적으로 생존의 좁은 문을 찾아내려 했던 것이 이제까지 한국의 국제정치적 행보였다. 한데 '4·27선언'은 강대국들의 이해관계가 잘 절충되어 평화공존의 시너지를 일으킬 것으로 기대되는 절묘한 기획이라는 평가를 받았다. 세계 유수의 진보적 미디어들은 '한반도 운전자론(Korean Peninsula Driver Theory)' 운운하며 국제정치 무대에서 벌인 한국정부의 적극적 행보를 환호해 마지않았다. 이것은 한국 시민사회의 '국뽕' 담론의 주요 근거가 되기도 했다.

하지만 '4·27선언'을 둘러싼 국제정치학적 메커니즘을 좀 더 살펴면 이와 같은 멋진 포장지 속 맨살의 정치학은 그렇게 기대 만땅의 미래 기획으로 간주할 수만은 없다. 이에 대해서는 이 글 결론부의 민중신학적 비평 대목으로 미뤄두고, 여기서는, 위에서 언급한

《자크자크》기사의 시점에 집중해보겠다.

국내외적인 기대와 찬사를 넘치게 받게 될 '4·27선언'이 있기 직전, 남한과 북한 정부의 고위급 전문가들은 3월 29일과 4월 14일, 두 번에 걸쳐 준비 및 실무 회담을 가졌다. 그리고 위의 《자크자크》의 기사는 3월 29일의 준비회담 이틀 뒤에 게재되었다. 준비회담은 남측의 통일부장관과 북측의 조국평화통일위원회 위원장을 포함한 6인이 모여서, 남·북한 정상회담을 4월 27일에 판문점 남측 구역에서 갖기로 합의했다. 그리고 정상회담의 의제와 의전, 보안 등에 대해서는 실무회담을 통해 구체화하기로 의견을 모았다. 이 준비회담은 전광석화 같이 끝났다. 인사말 같은 입에 발린 말들을 제외한 실제 회담 시간이 단 11분이었다. 그런데 이런 준비회담 이후 불과 이틀 만에 게재된 《자크자크》의 기사는 놀랍게도 거의 한 달 후에 있을 '4·27선언'의 내용을 미리 알고 있기나 한 것처럼, 이 정상회담이 초래할 문제들에 대해 여러 전문가들의 입을 빌리면서 매우 구체적인 비판을 가했다.

이 비판의 개요는 이렇다. 남한이 북한과 러시아, 중국을 연결하는 공산진영 동맹에 견인될 것이고, 이는 한·미·일을 연결하는 반공연대 라인이 좌초되었음을 의미한다. 이에 미국의 트럼프 정부는 새로운 안보 연대체를 구축하려 할 것이다. 여기서 한국을 대신해서 새로 연결된 나라는 대만이다. 1950년에 대만과 남한을 미국의 극동방어선에서 제외한다는 '(원조) 애치슨라인'이 있었다면, 2018년 즈음 남한을 제외하고 대만을 포함하는 새로운 애치슨라인이 구축될 것이라는 얘기다.

추부길은 《자크자크》의 기사가 실린 지 9일 뒤인 4월 9일에 쓴 기고문에서 이 기사를 소개하면서 문재인 정부의 오판이 한국의 안보

위기를 초래할 것이라고 주장했다. 이 기고문의 시점 역시 '4·27선언'이 있기 전이고 그 의제를 두고 합의하는 실무회담이 열리기도 전이다. 그러니까 《자크자크》 필진이나 추부길은 아직 '4·27선언'의 구체적 내용을 알 수 없었다. 그럼에도 그들은 이미 그 회담의 결과에 대해 '명확한' 답을 내렸다. 신애치슨라인의 구축은 한국 안보의 심각한 위기라는 것이다.

신애치슨라인 운운하는 말을 일본에선 《자크자크》가 처음 제기한 것은 아니다. 또 추부길이 한국에서 이것을 얘기한 첫 사람도 아니다. 그럼에도 2018년 남·북한 정상회담 국면이 일으킨 세계적 반향과 엇물리는 이 주장의 임팩트가 극우파들에게 강렬하게 다가왔던 듯하다. 빠르게 이 용어는 극우파 사이에서 확산되었고, 한국과 일본의 극우파가 공유하는 공통의 국제정치적 인식의 키워드가 되었다. 그 연장선상에 윤석열 대통령과 기시다 총리의 회담이 있다.

그러니까 2023년 한·일 정상회담 국면에서 드러난 윤석열 대통령의 행보를 국제정치의 문외한이 외교에 달통한 기시다의 암수(暗數)에 걸려든 결과라고 단순 폄하할 것만은 아니라는 얘기다. 물론 이런 분석이 전혀 근거 없는 것은 아니다. 윤석열 대통령과 측근의 외교안보 참모들의 빈약한 경력에 비해 기시다는 일본정부 최고의 외교통 인사였으니 회담의 디테일에서 많은 불이익을 당했을 것은 충분히 예상되고도 남는다. 하지만 회담 내용이 거의 공개되지 않은 상황에서 디테일을 두고 평가하기는 쉽지 않다. 해서 현재로는 이번 회담을 한·미·일 안보동맹을 위한 포맷 전략이라는 관점에서 논평하는 것이 좀 더 현실적이다.[2]

이 포맷은 포스트세계화 시대를 반중·반러의 '신냉전 체제'로 재편하려는 국제적 기획의 하위 단위에서 진행되는 아시아·태평양 버전의 국제정치학적 질서 재구축에 관한 것이다. 이것을 《자크자크》는, 제2차 세계대전 이후 미국의 반공주의적 포맷이던 애치슨라인에 빗대서, 포스트세계화 시대의 새로운 포맷으로서 신애치슨라인의 구축이라고 해석했다. 이 신애치슨라인은, 한국을 제외하고, 미·일·대만을 연결하는 삼각안보동맹을 말하고 있다.

이 기사를 인용한 추부길은 1950년의 애치슨라인이 그랬던 것처럼 이 포맷이 한국에겐 심각한 안보위기를 초래할 수 있으니 한·미·일 삼각안보동맹의 체결에 방해가 될 만한 탈냉전의 정치를 무력화하기 위해 극우세력이 나서야 한다고 주장한다. 실제로 윤석열 정부는 문재인 정부가 훼손했던 한·미·일의 동아시아 안보연대체를 복원하기 위해, 자칫 '굴욕외교'로 보아도 무방할 것 같은, 과한 '선제적 양보(preemptive unilateral concessions)'를 단행하면서까지 일본을 달

---

2) '포맷'은 방송 제작 및 비즈니스 분야에서 널리 활용되고 있는 용어로, 미국 폭스티비의 〈더 마스크드 싱어(The Masked Singer)〉는 한국의 〈복면가왕〉의 '포맷'을 수입하여 제작한 것이다. 한편 지난 2023년 2월 13일 한·미·일 외교차관회의가 워싱턴DC에서 열렸는데, 미국의 웬디 셔먼 국무부 부장관은 미·일 외교·산업장관이 참여하는 경제정책협의위원회(EPCC)나 미국, 인도, 호주, 일본이 참여하는 안보협의체 '퀴드(Quad, quadrilateral security dialogue)'에 한국 등을 참여시키는 것을 두고 "'새로운 포맷'을 적극 고려하고 있다"고 말한 바 있다. 이것은 냉전정치 혹은 안보정치의 아시아·태평양 판 포맷의 관점에서 이야기한 것으로 볼 수 있다. 즉 포맷이 국제정치학의 용어로 재활용된 것이다. 이런 관점에서 윤석열 정부와 기시다 정부의 정상회담을 포맷 전략의 관점에서 논평할 수 있다.

래려는 포즈를 취했던 것으로 보인다.[3]

  윤 정부의 이 선제적 양보 전략에 대해 한국에서 벌어지는 수많은 비평은 크게 두 측면으로 나눌 수 있다. 하나는 이러한 외교전략이 실효성이 없다는 것이다. 그리고 다른 하나는 그 포맷이 냉전적 안보정치라는 거대한 맥락이 구현되는 전략이라는 점에서, 안보정치가 초래할 낡은 공안몰이가 본격화될 것이라는 비평이다.

국제정치적 실효성

  윤 정부의 '선제적 양보'가 실효성을 가지려면 그것이 일본에 압박요인으로 작용해야 한다. 현재 일본 자민당 내 각 파벌들의 세력 분포를 보면 극우세력인 아베파가 27% 정도의 지분을 갖고 있다. 반면 중도계열은 4개의 파벌들로 나뉘어 있는데 이 파벌들 전체를 합하면 거의 50%에 달하지만 각 분파별로는 단일대오의 아베파의 절반에도 미치지 못한 채 나뉘어 있다.[4] 하여 2022년 7월 10일의 참의원 선거 직후인 8월에 단행한 개각은 중도파인 기시다 세력이 다수파인 아베세력을 등에 업은 양상이다. 하여 단기적으로 보면 기시다 정부는 아베 정권 때와 대동소이하게 극우 편향을 드러낼 것이라는 얘기다. 아베파의 위상이 축소되고 기시다의 지지율이 높아지

---

3) 박진 외교부 장관은 한·일 정상회담을 브리핑하면서 '이제 물 반 컵은 일본이 채울 것'이라고 말했다. 즉 윤 정부는 선제적 양보를 했다는 것이다.
4) 김태주, 「일본 기시다 정부 인사의 함의: 자민당 파벌정치, 기시다 리더십, 한일관계 영향」, 《INSS전략보고서》 207호(January 2023) 참조.

지 않는다면 일본정부의 극우편향성은 좀 더 계속될 것이다.

그런데 그 무렵(2022년 9월) 아베 국장(國葬) 문제가 불거졌다. 기시다 정부가 국장 비용으로 16억 엔을 사용하겠다고 발표하자 무려 60%의 일본 국민이 국장 반대의견을 폈다. 아베가 총리로 재직하는 동안 엔화를 위험스러울 만큼 찍어댔던 양적완화조치는 엔저 현상(low yen phenomenon)을 통해 수출증대효과가 있을 것을 기대한 것인데, 실상은 일본 기업들의 기술경쟁력만 약화시켜 구조적 취약성을 더욱 심화하는 결과를 초래했다. 게다가 미국 달러의 금리인상 정국을 맞아 엔고 현상(strong yen phenomenon)이 위험스러울 만큼 계속되자 일본 사회는 위기감이 팽배해졌다. 그런 위기감이 영국 엘리자베스 여왕의 장례비용보다 더 고비용으로 장례를 치르겠다는 정부의 발표와 맞물리면서 반아베 여론이 결속된 것이겠다. 이것은 일본 안팎에서 극우의 몰락을 예견하는 분석들이 잇달아 제기되게 했다. 바로 그런 상황에서 한·일 정상회담이 열렸다.

알다시피 윤석열 정부가 선제적으로 양보한 사안들은 자민당의 각 파벌 중 특히 아베파가 주장했던 것에 집중되어 있다. 즉 윤석열 정부의 양보안들은 일본 극우의 요구들에 맞추어져 있다는 얘기다. 이것은 아베가 죽은 뒤 계파 수장을 두고 내분의 조짐이 있는 아베파에 힘을 실어주는 계기가 될 가능성이 있다. 그렇다면 중도의 한 계파 수장인 기시다가 일본 극우를 등에 업은 정치를 펴는 일이 좀 더 장기화될 가능성이 커졌다. 하여 윤석열 정부의 선제적 양보는 일본의 극우정치를 후퇴시키기는커녕 더욱 강화하는 계기가 될 것으로 예상된다. 일본정부는 윤 정부가 먼저 만찬상에 올린 잔의 절반을 채울 이유가 없어졌다. 그리고 일본의 극우적 정치행보의 수명만 더 길어졌다. 다른 변수들이 없다면 말이다.

그럼에도 윤석열 정부가 선제적 양보를 하면서까지 일본과 협력하고자 했던 이유는 한·미·일 삼각안보동맹이 절대적으로 필요하다는 인식 때문이다. 이 안보동맹에서 한국이 배제될 경우 더 심각한 안보위기가 초래될 수 있다고 보았던 것이다. 근데 이런 위기론은 앞에서 언급한 《자크자크》 같은 일본 극우파의 해석에서 시작된 것이다. 그리고 한국의 극우파는 그 관점을 받아들여, 1950년 애치슨라인에서 배제되었을 때 전쟁이 일어난 것처럼 다시 동맹의 바깥으로 내몰린다는 것은 절체절명의 안보위기가 된다고 주장했다.

어쩌면 페이크 전술? 혹은 S&C 전술?

여기서 잠시 애치슨라인에 대해 좀 더 이야기해보자. 애치슨라인을 소환한 일본 극우의 신애치슨라인 담론은 우리가 안보동맹에서 퇴출될 만한 행보를 해서는 안 된다는 국제정치학적 문제제기와 연결되어 있다. 즉 문재인 정부의 남·북한 정상회담 같은 행보는 안보동맹에서 한국이 배제되는 빌미가 될 행동이라는 얘기다. 그러니 안보를 위해서 그런 행동을 선택해서는 안 된다는 주장이 함축되어 있다. 그렇다면 그들이 소환한 애치슨라인은 실제로 한국의 전략적 과오 때문에 제기된 것이었을까.

재선에 성공한 트루먼에 의해 신임 국무장관으로 임명된 딘 애치슨은 미국신문기자협회(NPC)에서 행한 강연(이하 NPC 강연. 1950.1.12)에서 한반도와 대만을 미국의 극동방어선에서 제외한다고 해석될 수 있는 요지의 발언을 했다. 실제로 많은 이들은 애치슨의 이 발언을 '방어선에서 제외하는 것'이라고 보았다. 그리고 스탈린과 마오쩌둥, 김일성도 그렇게 읽은 결과 전쟁을 일으킨 것이라고 해석했다.

여기서 우리는 혼란에 빠진다. 한반도가 미국의 극동방어선에서 제외되었다면 북한군의 남침에 대응하는, 놀라울 만큼 빠른 파병을 어떻게 설명해야 할 것인가. 이미 6월 26일에 미 공군이 전투에 참여했고(비록 자위 차원이지만), 30일에는 미국정부가 극동군 사령관에게 지상군 투입을 명했다.

사실 미국 대통령 트루먼은 1947년 3월 12일 하원을 장악했던 공화당 의원들을 포함한 정치권의 강력한 반발에도 불구하고, '트루먼 독트린'이라고 알려진 기념비적 연설을 하원에서 단행했다. 고립주의를 천명했던 먼로 독트린(1823)이 철회되는 순간이었다. 그리고 제2차 세계대전 이후의 국제질서를 '반파시즘'에서 '반공'으로 전환시키는 미국판 개입주의가 시작되었다.

한데 이 독트린이 실효적인 선언이 되려면 막대한 예산이 필요하다. 이미 마샬 플랜에 의해 대규모 원조정책을 펴고 있었지만, 세계는 점점 공산화되거나 될 가능성이 많은 나라로 넘쳐나고 있었다. 이에 트루먼 정부는 친미·반공세력[5]의 집권을 적극적으로 지원할 필요에 직면했다. 한데 그렇게 하려면 국방예산을 대규모로 증액해

---

5) 그들이 어떤 세력이든, 국민의 지지를 받든 증오의 대상이든 관계없다. 단지 친미, 반공 노선인가만 중요했다.

야 한다. 하지만 제2차 세계대전이 끝났으니 다른 나라들에 돈을 퍼주는 정치도 끝내야 한다는 공화당의 주장이 다수 여론의 지지를 받고 있었다. 해서 트루먼 정부는 국방예산 증액이 왜 미국의 이익이 되는지를 공화당 의원들에게 설명해야 했다. 그런 취지로 만들어진 문서가 'NSC-68'(1950.4)이다. 여기서 주지할 것은 국무장관에 임명된 직후의 애치슨이 이 문서 작성을 주도했다는 사실이다. 이 기획이 성공적으로 실현되었으니, 그는 미국의 냉전 프로젝트의 총괄기획자인 셈이다. 한데 이 문서를 작성하고 있을 바로 그 무렵 그는 NPC 강연에서 한반도를 극동방어선에서 제외한다고 읽힐 소지가 다분히 있는 발언을 했다. 도대체 이건 뭔가.

이에 대해 학자들은 의견이 분분하다. 그 주장들을 단순화하면 '제외시켰다'는 주장과 '제외시키지 않았다'는 두 갈래의 입장으로 나뉜다. 첫 번째 입장은 당시 미국 국제정치의 기획자인 애치슨이 더는 공산화를 좌시하지 않겠다고 주장해왔는데, 왜 NPC 강연에선 제외시킨다는 발언을 했는지를 해명해야 한다. 이에 대한 그럴듯한 해명은 반공의 대치선을 지켜내기 위해선, 'NSC-68'이 말하듯이, 3~4배나 국방예산을 증액해야 하는데, 이 문서가 제작되는 단계에서 미국의 국제정책은 선택과 집중(selection and concentration tactics, 이하 'S&C전술')이 필요했다는 것이다. 이런 해석의 개연성을 보충해주는 근거의 하나가 종종 '방어선'으로 번역된 'defensive perimeter'라는 애치슨의 용어다. 'perimeter'는 '선'이 아니라 '구역'을 가리키는 단어다. 그러니까 defensive perimeter는 '방어선(defense line)'이 아니라 일종의 '방어구역'이다. defensive perimeter로 거명된 지역들이 모두 섬과 관련된

곳들이니 해군이 정박하고 이동하는 거점구역으로서 용이한 지역들이다. 그런 점에서 defensive perimeter로 가장 적합한 번역어는 '방어거점'이라고 볼 수 있다는 것이다. 이것은 애치슨의 NPC 강연이 '제외시켰다'는 말을 사실 그대로 받아들여야 하지만, 공산화되도록 내버려두겠다는 것이 아니라 자원과 물량이 부족한 상황에서 효과적으로 방어를 하겠다는 적극적 의지의 표현이라는 얘기다.

한편 '제외하지 않았다'는 입장은 제외한 것처럼 표현한 것이 일종의 페이크 전술(fake tactics)이라는 것이다. 소련과 공산중국, 북한 등으로 하여금 오판하게끔 유도한 것이라는 주장이다. 이것을 직접적으로 입증하는 문서는 발견되지 않았다. 만약 페이크 전술이라면 그런 문서가 있어서는 안 될 일이니 직접적 증거가 없다는 것이 입증의 결정적 증거가 없다는 뜻이 되기도 하지만 반증의 결정적인 논거도 아니다. 1953년 7월 8일, 프린스턴대학에서 열린 한 세미나에서 애치슨[6]은 한국전쟁의 휴전협정 조인 직전, 그러니까 휴전을 위한 공식적 문건이 거의 확정된 뒤에 이렇게 말했다. "한국이 나타나 우리를 구했다(Korea came along and saved us)." 한국전쟁 덕에 불가능할 것 같았던 'NSC-68'의 국방예산 증액론은 미국 의회를 통과했고, 미국이 추구했던 냉전체제를 실현할 수 있었다는 얘기다. 그리고 훗날 냉전은 미국의 국제정치상의 위상뿐 아니라 경제성장에 결정적인 역할을 했다. 바로 이 점에서 일부 논자들은 애치슨의 NPC 강연은 일종의 페이크 전술이라고 해석했다.

이것을 둘러싼 지리한 논쟁을 더 이야기하는 것은, 적어도 이 글

---

6) 이때는 국무장관에서 퇴임한 이후다.

에서는 중요하지 않다. 다만 강조할 것은 어느 주장이든 그것은 미국의 이해관계와 얽힌 문제라는 것이다. 한반도의 어떤 정치세력이나 시민의 집단행동과는 무관하다는 얘기다. 그렇다면 문재인 정부의 남·북한 정상회담 기획에서 애치슨라인 담화를 소환해서 신애치슨라인론을 유포시킨 일본과 한국의 극우는 논점을 잘못 해석한 것이다. 한마디로 무리한 해석이라는 얘기다. 그렇다면 그런 무리한 적용을 감수하면서까지 과거 역사를 소환해서 벌인 윤석열 정부의 국제외교가 한반도의 안보에 유효한 것일까.

미국, 이도 저도 아닌 포스트세계화?

세계의 많은 미디어들은 우크라이나전쟁의 여파로 모스크바의 맥도널드 1호점이 폐점(2022.3.8)한 사건을 세계화 종말의 신호탄이라고 보도했다. 소비에트 연방체제가 붕괴되고 러시아연방국(State Anthem of Russian Federation, 1991)이 출현한 것은 탈냉전 체제의 등장을 의미했다. 그리고 탈냉전 체제를 가장 명확하게 이끌어간 것은 세계화였다. 1980년대 거의 전 기간 동안 영국과 미국의 최고 통치자였던 마거릿 대처와 로널드 레이건이 자신들의 새로운 정치의 철학적 기조로 호출한 신자유주의(neoliberalism)는 이 시기에 세계화의 이데올로기적 문법으로 발전했다.

그들이 추구했던 신자유주의적 세계화는 탈냉전 체제를 대체할 만한 성과를 이룩했다. 제2차 세계대전 이래 강력한 경쟁세력이었던 소비에트 연방체제가 1991년 12월, 역사에서 사라졌다. 바로 그 전 해인 1990년 1월 31일에 맥도널드 모스크바 1호점이 문을 열었다. 바야흐로 세계화 시대가 활짝 열렸다. 그런데 그것이 30여 년 만에 문을 닫은 것이다.

한데 세계화 종말의 조짐은 좀 더 일찍 나타났다. 경제학자인 더글러스 어윈(Doublas Irwin, 다트머스대학)이 피터슨국제경제연구소(PIIE)에 제출한 보고서에 의하면 GDP 대비 무역량은 2008년에 정점을 찍은 뒤 빠르게 추락하고 있다.[7] 하지만 어윈의 GDP 대비 무역량 추이보다 좀 더 명확한 세계화 종말의 징후가 있다. 생산공정의 타국 이전을 가리키는 오프쇼어링 현상이 2011년 이후 점차 둔화되고 리쇼어링이 증가추세에 있으며, 코로나 팬데믹 국면을 맞아 급격한 퇴조의 조짐을 보인다는 것이다.[8]

오프쇼어링이 새로운 세계질서의 추동자 역할을 할 수 있었던 것은 중국이 시장을 개방함으로써 나타난 효과였다. 핑퐁외교로 죽의 장막이 걷히면서 엄청난 중국의 노동력과 공산주의 정부다운 선택적인 집중적 인프라 구축이 그것을 가능하게 했다. 그렇게 함으로써 세계화는 '공급과 수요의 정교한 망'을 중심으로 발전하게 된다. 마치 2,000년 전 실크로드를 따라 동·서양 간의 지구적 교류가 가능해졌던 것처럼 이른바 '글로벌 가치사슬'을 따라 오프쇼어링이 실현됨으로써 세

---

7) Douglas A. Irwin , "Globalization is in retreat for the first time since the Second World War", *PIIE*(October 28, 2022)(https://www.piie.com/research/piie-charts/globalization-retreat-first-time-second-world-war).

8) 강내영 외, 「4차 산업혁명 시대, 제조업 기술혁신과 리쇼어링: 선진 제조강국을 중심으로」, 《TRADE FOCUS》(2021.5), 31쪽.

계화는 엄청난 초과이윤을 발생시키면서 세계의 변화를 이끌어갔다.

그런데 문제는 세계화로 인해 가장 성공한 나라가 (미국이 아니라) 중국이라는 사실에 있다. 아니 성공했다기보다는 '너무나' 성공했다는 데 문제가 있다. 미국의 세계패권구조에 심각한 균열이 일어날 조짐이 명확해진 것이다. 이것은 워싱턴이 반세계화 컨센서스의 중심지가 된다는 것을 의미한다. 지지기반과 성향의 차이에도 공화당이나 민주당은 공히 중국을 고립시켜서 그 성장 잠재력을 꺾어버려야 한다는 입장을 취하게 되었다. 한데 그것은 미국이 주도했던 세계화의 지향과는 반대되는 것이었다.

물론 세계화 종말의 근거를 미국의 국가주의적 욕구로만 설명하는 것은 충분하지 않다. 세계화로 인해 전 지구에서 양극화가 극도로 강화되었다. 더욱이 전 세계를 초대형 재앙에 빠뜨렸던 코로나 팬데믹 사태, 그리고 그 이상의 재앙이 될 것으로 예상되는 기후재앙과 지진, 화산폭발 등의 사태, 이 모든 위기가 한꺼번에 터져버릴 수 있는 '퍼펙트 스톰' 담론이 세계화와 무관하지 않다는 사회적 공감대가 전 지구적으로 폭넓게 형성되고 있다.

마침 자본 자체의 모순과 국가주의의 자폐적 퇴행성이 발흥하면서 세계화 종말의 징후가 뚜렷하게 나타나고 있다. 그렇지만 세계화 이후 어떤 질서가 세계를 추동하게 될지는 명확하지 않다. 그런 시대를 '포스트세계화 시대'라고 하자. 한데 최근 포스트세계화 시대를 구상하는 하나의 프로젝트가 강력하게 추진되고 있다. 바로 '신냉전'이다. 소련을 고립시켜 그 팽창주의를 제지하겠다는 (구)냉전의 아이디어를 소환해서 이번에는 중국을 고립시키겠다는 기획이다. 물론 이런 기획의 제공자는 '워싱턴의 정치권'이다.

2018년 10월 4일, 극우파 정치인으로 트럼프 정부의 부통령이던 마이크 펜스(Mike Pence)가 중도우파 편향의 싱크탱크인 허드슨연구소(Hudson Institute)에서 행한 강연을 더글러스 딜런(Douglas Dillon) 하버드로스쿨 교수는 '신냉전 선언'으로 평가했다.9) 그러나 펜스는 세계화 시스템을 재구축하는 데까지 생각을 확장하지는 않았다. 반면 바이든 정부는 훨씬 더 강력하게 대중국봉쇄정책을 펴면서 세계화의 해체와 신냉전을 연결시킨다. 바이든 정부의 재무장관인 재닛 옐런은 안보동맹과 글로벌 가치사슬을 연계시키는 '프렌드쇼어링(friend-shoring)'을 제시했다. 그런 정책의 일환으로 유럽과는 미국-EU무역기술위원회(TTC, US-EU trade and Technology Council), 아시아와는 인도·태평양 경제 프레임워크(IPEF, Indian-Pacific Economic Framework), 라틴아메리카와는 미주 경제번영파트너십(APEP, Americas Partnership for Economic Prosperity) 협상이 추진되고 있다.

그러니까 최근 미국이 주도하는 신냉전 프로젝트는 세계화의 상징인 글로벌 가치사슬을 반중 안보 네트워크 내부로 재편하고자 한다는 점에서 전통적 냉전과는 결이 다르다. 아니, 실은 이것도 충분한 설명이 못 된다. 미국은 안보동맹국들에게는 중국을 배제(decoupling)하도록 강도 높은 압박을 가하면서도 2022년 미·중 교역량은 역대 최대치를 기록했다. 즉 세계화가 주는 자본증식 효과를 자국은 포기하지 않으면서 동맹국들에게는 강요하는 것이다. 최근 미국이 주도하

---

9) 정재용, 「미국 전문가 "펜스 부통령의 대중국 비판연설은 신냉전 선언"」, 《연합뉴스》(2018.10.13.)(https://www.yna.co.kr/view/AKR20181013024600009).

는 신냉전 프로젝트는 미국 우선주의와 안보동맹 그리고 세계화, 서로 절충하기 어려운 이 세 요소가 엉성하게 조합되어 있다. 이것은 바이든 정부의 신냉전 프로젝트가 성공하기 매우 어려운 상황에 놓여 있음을 시사한다.

사실 미국의 야심찬 대중타격함인 '바이든-신냉전'함에 승선하지 않거나 하선하려는 국가들이 적잖다. 최근 국제정치의 중요한 변수로 떠오르고 있는 '글로벌 남반구(global south)', 특히 가장 중요한 국가로 부상하는 인도는 국경을 맞댄 중국과 끊임없이 갈등하면서도 중국 중심의 경제 공동체인 브릭스(BRICS)에 적극 참여하고 있다.10) 또 전통적 친미국가들인 사우디아라비아와 UAE가 독자노선으로 돌아서고, 이스라엘 · 이란 · 튀르키예 등과 함께 중국과의 경제적 네트워크를 확대하는 중에 있다.11) 그 밖에 EU의 반발도 드세다. 이런 상황에서 바이든 정부의 엉성한 신냉전 프로젝트가 이들 나라들을 설득하기는 현재로선 요원하다.

그런데 한국과 일본의 극우정권은 미국의 이도 저도 아닌 엉성한 기획에도 불구하고 신냉전에 집중하면서 적극적으로 참여의지를 표방하고 있다. 한국은 북한을, 일본은 중국을 견제하는 반공주의적 안

10) 브릭스는 브라질(B) · 러시아(R) · 인도(I) · 중국(C) · 남아프리카공화국(S)의 신흥경제 5국으로 구성된 경제 공동체다. 이 경제 공동체의 주축국은 중국이다. 한편 '글로벌 남반구'가 오늘날 국제정치의 주요 변수로 부상하고 있는 현상에 대해서는 김태균, 「글로벌 남반구의 부상과 세력 전이」, 『세계질서 변화와 주요국의 대전략: 미래질서 전망과 한국중장기 외교전략에의 함의』(국회미래연구원 연구보고서, 2022), 66~98쪽 참조.

11) 장지향, 「2022년 중동에 친구도 적도 없다」, 《매일경제》(2022.1.12) (https://www.mk.co.kr/news/contributors/10181058).

보동맹으로 결성된 선거연합이 그들의 정권안보에 가장 중요하다고 판단하기 때문일 것이다. 그러나 한국과 일본 정부의 적극적 동참에도 불구하고 바이든 정부의 신냉전 프로젝트가 과거 트루먼 시대 냉전 프로젝트만큼 미국의 정치경제적 위상을 절대화하는 데 유의미한 정책으로 기능하게 될지 의심스럽다. 문제는 그러는 사이에 안보동맹이라는 이름으로 묶인 한국과 일본의 경제적 자생력이 얼마나 지속 가능한지 묻지 않을 수 없다. 추락 중인 일본은 물론이고, 성장세를 탔던 한국까지도 2022년 현재 심각한 수준으로 몰락하고 있다.

《중앙일보》와 서울대 아시아연구소는 '신애치슨 시대'라는 콘셉트로 변화하는 국제정세 속에서 한국 외교의 방향을 모색하는 기획 시리즈를 마련해서 2023년 1월부터 연재했는데, 그중 하나가 빅데이터 분석이다.[12] 2020년 1월 1일부터 2022년 9월 30일까지 한·미·일·중 4개국 824개 언론사의 기사 550만여 건의 빅데이터 분석을 다룬 것이다. 이 분석에 따르면 '공급망의 확보와 안전한 유지 문제가 압도적으로 안보와 연결되었다는 점이다. 그 밖에도 다양한 요소가 안보와 링크되어 있었다. 조사자는 이것을 '포괄안보(comprehensive security) 시대로의 전환'이라고 명명했다. 한데 한·미·일 삼각안보동맹에 참여한 한국과 일본 정부의 공통된 관심은, 포괄안보가 아니라, 좁은 의미의 군사안보(military security)에 맞추어져 있다. 그리고 아마도 미국정부는 한국과 일본 극우정권의 이러한 성향을 활용하기 위해 대중국 봉쇄의

---

12) 「[新애치슨 시대] 트럼프는 軍, 바이든은 삼성 찾았다…"돈 버는 공급망이 안보"」, 《중앙일보》(2023.01.12)(https://n.news.naver.com/article/newspaper/025/0003252831?date=20230112).

포괄주의적 정책을, 군사안보를 연상시키는 '신냉전' 프로젝트로 둔갑시킨 것으로 보인다. 애치슨의 NPC 강연처럼 일종의 페이크 전술일지도 모른다. 아무튼 미국은 냉전적 동맹논리와는 부합하지 않는 자국중심주의적 이해관계를 군사동맹을 명분 삼아 마구잡이로 연계시키고 있다. 그리고 한국은 그런 페이크 전술의 최대 피해자일 수 있다.

한국, 안보정치

윤석열 정부의 대일외교에 대한 두 번째 비평은 국내정치로서의 안보정치에 관한 것이다. (신)냉전적 정치의 인식론적 기저에는 '적'과 '우리'라는 이분법이 자리 잡고 있다. 이러한 인식론 아래서 '적'은 대화의 상대일 수 없다. 아니 '적'은 절멸의 대상이다. 하지만 국제정치에서 이러한 절멸의 정치학은 충분히 강력하게 추구되지는 않는다. 왜냐면 그것은 전쟁을 의미하기 때문이다. 그럼에도 절멸의 정치학을 추구하는 냉전적 안보정치 세력은 '적'에 대한 배타성을 골격으로 하는 분절의 정치를 편다. 해서 '신냉전 체제'라는 장벽이 국제정치의 마당에 놓이게 되는 것이다. 얼마만큼 장벽 속에서 대화의 틈새를 만들어낼지는 각국의 외교적 능력에 달려 있다.

아무튼 이렇게 국제정치 영역에서는 제한적으로나마 대화의 공간이 존재한다. 한데 국내정치에서는 훨씬 더 비타협적이고 공세적인 정치가 펼쳐지곤 한다. 이른바 '안보정치'가 작동하게 되는 것이다. 냉전을 이끌어간 미국도 예외가 아니었다. 소련은 제2차 세계대전 당시 미국과 함께 반파시즘 전선의 혈맹이었는데 트루먼 독트린 이후 느닷없이 '적'이 되었다. 이 극적인 전환의 로드맵으로 정치권을 설득하기 위한 문서가 NSC-68이었다. 아무튼 트루먼을 부통령으로 임명했고 미국 역사상 전무후무한 4선 대통령이었던 루스벨트는 그의 최대 공적인 뉴딜 프로젝트에서 사회주의자들과 노동조합, 그리고 평화주의자들의 생각을 대거 받아들였다. 한데 트루먼이 독트린을 발표한 1947년부터 공화당의 아이젠하워 대통령(1953~1961)이 퇴임할 때까지 미국에선 대대적인 '빨갱이 사냥'이 전개되었다.

여기서 다시 애치슨라인 담화에 주목해보자. 말했듯이 한국을 미국의 아시아 극동지역의 'defensive perimeter'에서 제외하겠다는 애치슨의 연설은 그가 주도하고 트루먼 대통령이 밀어붙인 냉전주의적 개입주의 정책(트루먼 독트린)과 상반된 내용일 수 없다. 특히 트루먼 독트린의 실행기획인 NSC-68의 하위 전술을 담은 것이라고 할 수 있다. 그러므로 《자크자크》나 추부길, 그리고 윤석열 정부는 신애치슨라인 운운하면서 애치슨라인의 서사를 소환한다. 앞에서 보았듯이 이는 윤석열 정부의 국제정치의 방향과 내용에 영향을 미치고 있는 것으로 보인다. 하지만 우리는 현 정부의 이러한 국제정치와 맥을 함께하면서 진행되는 국내정치로서의 안보정치에 관해서도 이야기할 필요가 있다.

1947년 3월 12일에 발표된 트루먼 독트린 당시 세계 곳곳에서 공산화 현상이 유행병처럼 확산되고 있었다. 미국은 소련이 이런 현상의 배후 조종자라고 보았다. 해서 미국이 나서서 공산화를 막을 필요가 제기되었다. 그렇게 하지 않는다면 미국 중심의 전후체제가 위태로울 것이기 때문이다. 하지만 다시 전쟁을 벌일 수는 없다. 해서 대신 선택된 것이 냉전체제다.

말했듯이 트루먼 독트린은 냉전적 개입주의를 천명한 것이다. 구체적으로 말하면 미국은 공산화의 위기에 놓인 국가들에 대해 경제적이고 군사적인 지원을 아낌없이 하겠다는 것이다. 이것은 친미·반공정권이라면 그 정권이 어떤 전력을 갖고 있든, 어떤 만행을 저지르든 미국은 관여하지 않겠다는 의사이기도 했다. 그것을 명시적으로 말하지는 않았지만 실제로 미국의 현지 주둔군 사령관들이나 미국의 후원이 필요한 국가의 정치세력들은 그렇게 믿었고 행동했으며, 그들의 반인륜 범죄에도 불구하고 미국은 아낌없는 지원을 계속했다. 그 대표적인 예가 그리스다. 내전 중이던 그리스의 왕당파 출신 군부 쿠데타 세력들은 백색테러와 고문, 그리고 무자비하게 민간인 학살을 자행했고 미국은 그런 정권을 대대적으로 지원해 결국 내전의 최종 승자가 되게 했다. 그리고 또 하나의 사례가 '제주4·3사건'이다.

트루먼 독트린이 발표된 다음 날 이승만은 남한 과도정부를 세우는 것만이 공산주의를 막는 유일한 길이라는 담화를 발표했다. 그리고 미국의 승인 없이는 불가능한 남한 단독정부 프로젝트가 실행되었다. 그 이듬해 5월 10일에 제헌의회 의원을 선출하는 국민투표가 전국적으로 실시되었다. 하지만 제주에서만 3개 선거구 중 2개에서 당선자를 선출하지 못했다. 전국에서 유일한 사례였다. 그렇게 선출된 제헌의회 의원은 이승만을 대통령으로 추대했다. 한데 새로 건국되는 나라의 첫 번째 수반이 된 이승만의 첫 포고령 중 하나가 제주에 진압병력을 증파하고 그 섬에 대한 계엄령을 선포하는 것이었다. 그리고 군대에 의한 무자비한 민간인 학살극이 벌어졌다. 1948년 4월

3일에 벌어진 파출소 습격사건 이후, 우여곡절 끝에 양측 가해자 처벌을 둘러싼 협상이 벌어지는 상황에서, 갑자기 이승만에 의해 계엄사령관으로 임명된 송요찬이 해안선 5킬로를 넘는 지역 주민의 소개령을 발표한 10월 20일부터 대대적인 집단학살극이 시작되었다.

한편 그 직전, 제주로 출동하라는 명을 받은 여수의 국군 제14연대의 일부 병사들이 항명했다. 그러자 여수와 순천을 포함한 전라도와 경상남도 지역에 계엄령이 포고되고, 제주와 거의 같은 시기에 민간인에 대한 대대적 학살사태가 벌어졌다. 여순사건의 개요는 이러했다.

이렇게 여순사건과 제주4·3사건은 계엄령을 통해 안보정치가 시작되었다. 하지만 계엄령은 법을 중지시키는 조치라는 점에서 비일상적 안보정치다. 해서 그러한 정치는 언제나 법의 효력을 부활시키는 조치가 뒤따라야 한다. 문제는 법의 부활은 개헌이라는 매우 어려운 정치 과정을 수반해야 한다는 데 있다. 이때 등장한 것이 국가보안법이다. 이것은 안보정치의 일상화 기제다. 개헌하지 않아도, 보완입법을 통해 가능한 손쉬운 안보정치의 기제인 것이다.

국가보안법은 '적'의 불법적 행위를 사후적으로 처벌하는 것이 아니라 사전에 적발해 처벌하는 '예방적 입법'이라는 특성을 갖는다. 물론 법의 사전규제(ex-ante regulation) 기능이 필요한 경우가 있다.13) 하지만 국가보안법의 사전규제 기능은 모호하기도 하거니와 양심에 관한 인권 유린의 위험이 있기 때문에 문제적이다. 가령 이승만 정부는 국가보안법에 의거해서 '예비검속'을 실시한 바 있고, 이것이 훗날 이승

---

13) 환경오염이나 산업재해에 관한 법률은 대표적인 사전규제 법안들이다. 또 '성폭력방지 및 피해자보호 등에 관한 법률'에도 사전규제의 요소가 들어 있다.

만 정권의 민간인 학살의 주된 통로였다는 것이 밝혀짐으로써, 제2기 진실·화해를 위한 과거사정리위원회는 정부의 공식적 사과를 권고한 바 있다.(2022.7.20) 이렇게 국가보안법의 사전규제적 요소는 심각한 문제를 갖고 있다. 특히 어떤 일상적 행위가 불법적 행위로 전환될 것을 국가는 어떻게 확증할 수 있는가, 또 언제부터 그런 처벌이 가능한 예방적 조치의 대상인지를 확정할 수 있는가 등, 해명이 거의 불가능한 요소들을 담고 있다. 한데 국가보안법의 사전규제 요소는 그 범위를 행위 이전 단계, 특히 마음에까지 확대한다.

현대법은 '비감성적 법적 테제(no-emotion legal thesis)'에 기반을 두고 있다. 여기에는 이성과 감성이 분리되어 있다고 가정하고 이성이 감성보다 우월하다는 것을 전제로 한다.[14] 이것은 이성의 통제를 벗어난, 원초적 감정에 좌우된 행위들을 처벌하는 것이 법의 내용이어야 하며 그 처벌의 내용 또한 이성의 기준에 따라 확정할 수 있어야 한다는 가정을 필요로 한다. 그러려면 처벌의 대상이 되는 것은 구체적 행위여야 한다. 한데 국가보안법은 행위가 아닌 마음까지도 사전규제의 대상으로 삼았다. 그렇게 되면 이 법은 논리적으로 법의 위상을 초과하게 된다. 마음은 도덕이나 윤리의 영역이다. 또 종교의 영역이기도 하다. 해서 국가보안법은 도덕이나 윤리, 나아가 종교의 영역에 침투하게 된다. 요컨대 국가보안법은 안보정치로서의 법의 일상화 기제로 시작했지만 그 법의 작동과정에서 법을 초과하는, 법

---

14) 이러한 가정이 문제가 있다는 점을 지적하면서 탈근대의 법학을 '법시학'으로 확장할 필요가 있다는 문제가 제기되곤 한다. 김연미, 「법적 상상력과 법시학: 정의의 기획들」, 《법철학연구》 19권 2호(2016) 참조.

위의 법, 나아가 종교 위의 법으로까지 작동하는 운명을 갖고 있다. 이것은 국가보안법이 더 이상 법이 아닌, '법 해체적 법'이 될 수밖에 없음을 의미한다.

해서 냉전 시대의 산물인 국가보안법은, 민주정권이 집권하는 시기에는 그 법의 활용이 극히 제한적이었다. 물론 아직 한반도와 동아시아의 냉전적 질서가 엄존하고 있고 그 질서의 시간에 강하게 엮어져 있는 이들이 적지 않으니, 안타깝게도 어느 정부도 그 법을 폐지하려는 모험에 뛰어들려 하지 않았다. 그럼에도 그 법은 한동안 실효적 기능이 거의 멈추어져 있었다.

한데 윤석열 정부가 미국 주도의 신냉전 프로젝트에 적극 동참했다. 그것은 안보정치의 부활이 본격화될 것임을 의미한다. 아니 실은 이미 두드러지게 나타나고 있다. 국가보안법이 다시 실효적 법률로서 매우 활발하게 작동하기 시작했다.

한데 그것 이상이다. 이제까지 국가보안법을 적극 활용한 정부들은 안보정치의 도구로서 국가보안법을 활용했다. 한데 윤석열 정부에게서 법은 그 이상일 가능성이 있다. 알다시피 이 정권은 검찰정부를 추구하고 있다. 경제도, 정치도, 문화도, 군사·외교·교육도 검사가 더 잘할 수 있다고 믿는 정부다. 해서 그들은 삼권분립의 민주주의적 원리도 무력화하면서까지 검찰정부를 구성하고자 한다. 그들 사이에는 법이, 사회의 모든 것을 작동시키는 '제1 원소'라고 믿는 이들이 많다. 그들은 국가보안법의 사전규제 기능은 법의 예외성이 아니라 법 자체의 속성이라고 믿는다. 해서 그들에게서 법은 이미 해체의 상황에 직면했다. 왜냐면 도덕도 윤리도 종교도 법으로 대체되는 법의 사회는 시민사회를 결코 설득하지 못할 것이기 때문이다. 그것이 안보정치 특유의 공포정치적 위협으로 작용한다면 어쩔 수 없이 법에 순응하는 척하겠지만, 그런 법이 아예 법 자체라고 하는 주장에 순응할 수 있는 국민은 소수일 수밖에 없다.

더구나 오늘의 사회는 너무나 복잡하다. 또한 광속의 시간체험을 하게 되는 초고속 사회다. 이런 사회에서 모든 것을 수렴하는, 항구적인 것은 존립할 수 없다. 오히려 수많은 이질적 요소가 서로 느슨하게 엮이고 분절하고 다시 새롭게 엮이는 사회에서, 법은 그런 다양한 것의 '참을 수 없는 가벼운(insufferable light)' 공존을 가능하게 하는 낮은 울타리일 때 유효하다.[15]

해서 윤석열 정부의 안보정치와 국가보안법은 다른 권위주의적 정부들보다 더욱 법의 유효성 자체를 의심하는 다수의 시민사회와 맞닥뜨리게 될 가능성이 크다. 나아가 검찰정부 자체를 받아들이지 않는 다수 시민의 존재를 확인하게 될 가능성이 크다. 이제까지와는 달리, 더 성찰적인 정부가 되지 않는 한 말이다.

민중신학, 살림정치

하지만 이 정부는, 이제까지의 모습을 보건대, 법에 대해서 성찰적인 거리두기를 시도할 것 같지 않다. 해서 이 정부의 국가보안법

---

15) 정채연, 「포스트휴먼 법담론: 탈근대적 인간의 법적 수용을 위한 시론적 연구」, 《안암법학회》 54호(2017) 참조.

담론은 더 이상 법률과 정치의 문제에 국한되지 않는다. 그것은 동시에 신학적 텍스트다. 해서 이 글의 마지막 대목에서는 신학적 텍스트로서의 윤석열식 국가보안법 담론에 대한 민중신학적 비평을 시도하고자 한다.

앞에서 말했듯이 계엄령은 사회를 일시에 비일상의 영역으로 전환시키는 계기가 된다. 전기가 끊기면서 세상이 갑자기 암전(darkness)이 되듯 계엄령의 시간은 모든 것을 정지시키는 종말론적 시간이기도 하다. 하지만 그 순간은 동시에 원초적 폭력의 시간이다. '계엄령이 포고된 제주4·3'의 시간이 그랬다. 거의 모든 국가의 창건신화는 이런 원초적 폭력을 통제함으로써 구현되었다고 주장한다. 근대국가는 충분한 크기의 영토와 충분히 다중적으로 주체화된 국민을 구성요소로 하면서 등장한 국가체제다. 원초적 폭력을 다스리는 것을 넘어서 훨씬 더 광역에서, 훨씬 더 다층적인 구성원이 공존하는 정치적 장이 실현되었다는 것이다. 해서 근대국가는 특정 세력의 연고성이 사회를 지배하지 않는 국가임을 국민에게 설득하는 기제를 통해 존속한다. 근대국가에서 법과 지식은 '몸정치'의 차원(사회 구조나 제도에 관한 것)에서 국가의 정당성을 옹호하는 역할을 했고, '마음정치'의 차원16)은 도덕이나 종교가 맡았다. '몸(이성)'과 '마음(감성)'이 이분법적으로

---

16) 네그리와 하트는 『제국』에서, 그동안 고전적 제국론들이 다루지 않았던 예술, 친교, 봉사 등을 자본주의적 생산관계 속으로 포획한 '삶정치적 생산구조'가 현대자본주의적 메커니즘의 중요한 일부가 되었음을 논하고 있다. 이것은 근대국가적인 몸과 정신의 이분법이 현대사회에서 더는 유효하지 않게 되었다는 뜻이다. 하여 오늘날 근대국가적 체계를 탈근대국가적 체계로의 이행이 다양하게 실험되고 있다.

분화되었다는 가정 위에서 근대국가의 체계가 만들어진 것이다. 하여 법과 지식, 종교 등은 근대국가의 '통치성(governmentality)'의 기제로 작동하며 그렇게 함으로써 국가로부터 갖은 특권을 부여받았다. 통치성의 기제들은 통치의 외적 기제가 국민의 내면에까지 개입해 들어올 때 보다 완성적인 역능을 발휘한다. 통치성에 의해 국민이 내면적으로 설득되면 민주적 국가라는 평받을 얻었고 실패하면 독재국가라는 오명을 뒤집어썼다.

한데 한국의 근대국가는 계엄령을 포고하는 정부로부터 시작된다. 비일상의 시간 속으로 국가를 재배치함으로써 통치성의 기제로서의 법은 중지되었고 군대와 경찰에 의한 공포가 국가를 운영하는 중심 원리가 되었다. 하지만 국가는 어떻게 해서든 법의 기능을 회복해야 한다. 이때 일제 강점기에 일본으로부터 얻은 힌트가 있었다. 바로 국가보안법이다. 국가의 입장에서 냉전체제에 걸맞은 법체계를 새로 구축하기보다는 훨씬 손쉬운 방책이다. '사전규제'의 요소를 법체계 안에 끼워넣음으로써 일상을 중지시키지 않고서도 계엄령의 초법적 기능이 작동되게 하는 것이다. 이제 광염을 내뿜는 국가폭력을 동원하지 않아도 되었다. 국민의 내면만 장악하면 되는 것이다. 사전규제의 장치를 통해서 말이다.

문제는 국가보안법의 사전규제라는 요소는 근대국가의 공리라고 할 수 있는 이성과 감성의 이분체계를 법이 넘나들게 한다는 데 있다. 그래야만 국가보안법은 일상을 중지시키지 않고서도 냉전적 질서를 유지시킬 수 있다. 근대국가는 이런 이분법적 틀 안에서 상호견제의 장치를 발전시켰는데, 국가보안법은 이러한 근대국가적 제도를 해체하는 요소를 내포하고 있다. 그렇게 되면 근대적 법체계도 해체된다. 그 해체의 기조가 냉전의 세계관에 기반을 두고 있다.

더욱이 그런 법과 국가의 체계를 운영하는 수행자가 법지상주의적 법률가들이라면, 특히 조직 전체가 하나의 인격체라는 문화가 여전히 견고하게 자리 잡은 한국의 검찰(검사동일체)이라면 그들에 의해 운위되는 국가보안법은 근대적 법체계의 해체를 더욱더 가속화할 수 있다.

근대적 법체계가 잘 작동하기에는 현대사회는 너무나 복잡해졌다. 또한 너무나 빠르게 변화한다. 항구적인 것은 없고 모든 존재는 다양하면서도 느슨한 네트워크 속에서 공존한다. 그러니 새로운 법체계가 필요하다. 요컨대 근대적 법의 해체는 불가피하다. 얼마나 빠르게, 얼마나 유효하게 해체되고 재구축되는가의 문제가 남았다. 아무튼 법은 가장 느리게 변화하는 통치성의 기제다.

국가보안법이 꿈꾸는 법 해체의 상상력은 무엇인가. 여기서는 명확하게 항구적인 것이 있다는 믿음이 깔려 있다. '우리'와 '적'은 나뉘어 있어야 하고 결코 섞여서는 안 된다. 아니 필연적으로 그런 것이 존재한다고 믿는다. 국가보안법의 인식론에서 말이다. 한데 어느새 섞이고 있다. '적'에게 감염된 내부의 오염된 존재들이 무수하다. 그들을 색출하고 처벌하는 법이 작동해야 한다. 대량살상을 통해서 오염지역 전체를 융단폭격하는 것은 아니지만 핀셋으로 조직에서 떼어내는 작업을 해야 한다. 그것을 위해서는 행위로 표출되지 않은 영역, 곧 마음의 영역까지 법의 검열이 가능해야 한다. 해서 법 해체가 불가피한 것이다.

고대 이스라엘 신앙에서 '사탄'이 악령의 수괴를 표상하는 존재로 부상할 무렵 그 절대악의 존재가 세상을 파탄 내는 무대는 신의 공간이 아니라 인간의 공간, 특히 인간의 내면이다. 아마도 기원전 3세기 어간, 고대 지중해 지역에서 문자혁명이 활발해질 무렵 팔레스티나에서도 민간 서기관들이 등장하는데, 국가의 재앙과 축복을 이야기했던 군주제 하의 왕실 서기관들과는 달리 이들 민간 서기관들은 사적인 실패와 절망을, 내면을 유혹하는 사탄의 목소리로 읽어내곤 했다. 이런 인식은 점점 더 일상화되어 서기 1세기 중반의 바울은 내면이 선악의 전쟁터임을 고백한다.(「로마서」 7,21-23) 또 광야수행 설화17)에서 사탄은 예수의 내면으로 들어와 유혹한다.(πειραζομενος ύπο του Σατανα. 「마가복음」 1,13) 요컨대 이미 예수-바울 시대에는 명료한 선과 악의 이분법이 교란되고 있었다.

18세기 말에서 19세기 초까지 무려 60여 년 동안 저술된 괴테의 『파우스트』는 그런 이분법이 더는 자명하지 않은 세계에서 선과

---

17) 이 설화가 형성된 시기가 언제인지는 알 수 없다. 서기 70년 어간에 문서로 채록된 구술문학인 「마가복음」에는 광야에서 40일 동안 수행했다고 간략히 언급하고 있다. 1세기 말경의 문서인 「마태복음」과 「루가복음」에 와서야 설화 형식의 광야수행 이야기가 등장한다. 여기서 우리는 다음과 같이 추론할 수 있다. 세례자 요한이 주도한 운동에서, 세례는 일종의 가입선언 같은 역할을 했다면, 그들 중 자신의 일상 공간으로 돌아가지 않고 광야수행자로 남기로 한 이들은 2차의 혹독한 엘리트 프로그램에 참여하는 단계를 거쳐야 했던 것 같다. 광야수행이 바로 그 프로그램이었을 것이다. 그것이 예수 이야기집 속에 예수의 광야수행 설화로 재구성되어 수록되었다. 그렇다면 이렇게 설화 형식으로 구성된 시기는 예수 당대가 아닐 것이다. 해서 광야수행이 더는 프로그램이 아니라 영웅설화로 정착하는 과정에서 설화로 탄생했을 것으로 보인다.

악에 대해 논한다. 앎에 대한 욕구, 그것을 행동화하는 진취적 인간이 어느새 악의 화신이 되었다. 슈펭글러(Oswald Spengler)는 바이마르 공화국 시민층의 유토피아적 욕망을 파우스트적 인간으로 묘사한다. 곧 그것은 제1차 세계대전이라는 몰락의 서막이었다.

예수는 지배사회가 악마에 오염된 자로 낙인찍은 두 사람을 치유하는데, '피 흘리는 여성(γυνη ουσα εν ρυσε αἵματος)'과 '시각을 잃은 거지(τυφλος προσαιτης)'가 그들이다. 여성과 거지, 모두 배제된 존재인데 더 나아가 하나는 12년간 피를 흘리는 자이고 다른 하나는 시력을 잃은 자다. 복합배제(compound exclusion)의 상태다. 예수는 이 두 인물을 치유하면서 다른 텍스트에서는 볼 수 없는 표현을 쓴다. "당신의 믿음이 당신을 구원했소(ἡ πιστις σου σεσωκεν σε)."(「마가복음」 5,34; 10,52) 파우스트는 유토피아를 갈망하는 진취적 지식인이었지만 그 꿈이 사랑하는 여인 그레트헨의 어머니와 오빠를 죽게 하고 그녀가 정신착란 속에서 아이를 살해하고 사형장의 이슬이 되게 했다면, 예수에게 치유된 이들은 복합배제의 요소를 가진, 최악의 낙인이 찍힌 자임에도 그들의 내면에서 나오는 믿음이 그들을 구원했다. 선과 악은 분리할 수 없이 동거한다. 거기에서 괴테는 악의 기원을 말하고 예수는 치유의 기원에 대해 말한다. 민중신학자 서남동은 김지하의 담시 「장일담」을 통해서 "창녀의 썩은 자궁에서 그리스도가 탄생했다"는 민중신학적 명제를 제안한다. 신은 모든 피조세계를 망쳐놓은 최악의 피조물인 인간이 되어서 가장 비참한 인간으로 죽임당한다. 그것이 그리스도교의 기원이라는 것이다.

선과 악이 이분법적으로 분화된 질서가 교란된 세계를 척결하고

자 핀셋 수술을 단행하는 것이 윤석열식 국가보안법의 법 해체의 기획이라면, 민중신학은 선과 악의 이분법을 지탱하는 서사 자체를 해체하면서 근대적 규범의 질서를 해체하고자 한다.

변화된 세계에 대한 포스트세계화라는 문제설정의 관점에서 보면 윤석열 정부나 그 배후에 있는 바이든의 신냉전 기획과는 다른 기획이 존재했다. 한국이 냉전체제를 극복하는 운전자로 평가받았던 문재인 정부의 한반도 평화체제 기획이다.

세계화는 2008년 어간, 그 생산성이 정점을 찍은 뒤 점점 추락하고 있다. 다시 회복될 하락세라는 진단도 있었지만, 좀 더 근원적인 문제설정이 필요하다는 진단도 있었다. 후자의 문제의식을 담은 표현이 바로 '포스트세계화'다.

근대 자본주의는 제2차 세계대전 이후 냉전의 블록을 중심으로 한동안 발전을 구가했지만, 점점 그런 냉전체제는 한계에 봉착하게 되었다. TV의 등장과 함께 '비주얼한 것(the visual)'이 시민의 욕망을 구성해가면서 냉전적 자본주의의 생산성은 한계를 드러냈다. 탈냉전의 기획으로서의 '데탕트'는 그 위기를 돌파하는 하나의 가능성이 되었다. 하지만 결정적인 것은 중국의 개방이다. 이것은 세계화된 시장에서 생산과 공급의 한층 정교한 연동체계가 작동하게 되었음을 뜻한다. 여기에 디지털 커뮤니케이션 체계가 작동하면서 이른바 '망의 체계'는 절정을 향해 치달았다. 해서 글로벌 가치사슬이 세계화를 추동하는 가장 강력한 동인이 되었다.

하지만 다시 위기의 시간이 왔다. 앞에서 말했듯이 미국의 헤게모니를 압도하는 국가의 탄생 시나리오와 함께 워싱턴의 정치권 사이에서 반중(anti-China)의 컨센서스가 형성되었다. 또한 세계 각국에서는 대중 사이에서 심상치 않은 기류가 빠르게 확산되고 있었다. 세계화에 휘둘리며 불안과 박탈에 시달리던 대중의 심상에 증오라는 감정을 불어넣는 이들의 메시지에 대중이 공격적으로 반응하고 있다. 이른바 극우정치가 약진하게 된 것이다. 오늘날 이들 극우정치는 세계화에 반대하는 운동의 한 축을 대표하고 있다. 다른 한편으로 무수한 퀴어적 존재들이 소수자성(minority)을 주체화의 기치로 내걸면서 세계화, 그것을 둘러싼 서구적 근대성의 양식 자체의 근원적 한계를 돌파하려 한다.

이제 포스트세계화는 많은 이들에게 중요한 과제가 되었다. 그 무렵, 2018년 평창올림픽을 계기로 문재인 정부는 북한과 평화공존을 도모하는 실험을 본격화했다. 이것은 햇볕정책을 추구했던 이전의 정권들과는 다른, 보다 진일보한 요소들이 있다. 과거의 햇볕정책들이 강대국들 사이에 끼어서 소극적인 틈새정치를 도모하는 데 지나지 않았다면, 문재인 정부의 한반도 평화 프로세스는 인근 강대국들의 갈등적 이해관계를 조절하는 기획이기도 했다.

러시아의 극동지역은 엄청난 자원의 보고임에도, 동아시아 냉전체제 때문에 미개척지로 남겨져 있었다. 또 초고속 성장을 구가하던 중국은 지역간 불균형 발전 때문에 사회통합의 심각한 장애에 직면하고 있었다. 한편 미국 자본은 새로운 투자처를 찾지 않으면 안 될 만큼 금융자본의 이윤율 저하와 투기자본화 현상이 심각했다. 모든 강대국들의 위기의식이 중첩된 것은 아시아 극동지역의 냉전 상황이었다. 그리고 이 냉전의 한가운데에 남한과 북한의 극한적 대치 상황이

놓여 있다. 한때 이는 주변 강대국들의 이해관계가 만들어놓은 것이었지만, 이젠 그것이 서로에게 짐이 되는 상황이 되었다.

이런 상황에서 갈등의 진원지에 있는 문재인 정부가 남·북한 평화체제를 논하기 시작했다. 한데 그 프로세스가 신박하다. 문 정부는 러시아와 중국으로 연결되는 육로 교통망을 구축하려는 기획을 세웠다. 그것은 일종의 현대판 실크로드 같은 것이었다. 고대 중국과 로마를 연결하는 대상들의 이동로로 수많은 실크로드가 한창 개척되던 시절 그 중간의 나라들은 실크로드의 중간 기착지를 만들려는 경쟁에 열을 올렸고, 몇몇 도시에서는 성장의 기회가 되었다. 국경을 넘나드는 이들을 경계하는 것이 아니라 환대와 공존의 논리가 성공의 기회가 된 것이다. 바로 그런 것처럼 문 정부의 평화 프로세스는 이념적 장벽을 녹이는 평화체제의 달콤함을 한반도를 둘러싼 나라들의 성공, 나아가 그것을 매개로 하는 세계의 성장 스토리로 읽힐 수 있는 아름다운 기획이었다.

남과 북, 그리고 세계는 평화공존의 꿈을 꾸기 시작했다. 북한지역의 철도 가설을 신속하고 효과적으로 만들어낼 만한 기술력은 한국이 담당하고 그것에 드는 일체의 비용을 미국의 몇몇 월스트리트 투자자들이 조달하겠다고 나섰다. 중국과 러시아는 적극 동참하겠다는 의사를 표했고 월스트리트의 눈치를 보아야 하는 워싱턴의 정치권도 동요하면서도 적극적으로 반대하지는 않았다. 이것을 세계의 대표적인 미디어들은 한반도 운전자론이라며 칭송해 마지않았다. 노벨평화상 운운하는 말이 단지 국뽕담론만은 아닐 수 있었다.

하지만 이 신박함은 애초에 문재인 정부의 기획이 아니었다. 2013년

박근혜 대통령이 '유라시아 이니셔티브'를 주창할 때 이미 그 골격이 제기된 것이다. 또 이명박 정부가 '비핵개방 3000'론을 펼 때 그 기초가 다져졌다. 하지만 이 두 반공보수주의적 정권은 그 아이디어를 실행에 옮길 만한 대화의 기술이 부족했다. 반면 과거 1970~1980년대 남·북한 대화라는 것을 입에 꺼내기도 어렵던 시절에 국제 그리스도교 네트워크를 통해 남·북한 대화의 무대에서 인적 연결망을 만들어냈던 이들을 문재인 정부는 그 실무진에 대거 포진시켰다. 김정운의 북한도 그랬다. 그들은 남과 북의 정부에서 대화와 협상의 실무를 담당하는 최고위 책임자들이었다. 국제정치적 여건이 무르익었고 세계화의 주축이 되는 자본들의 열망이 맞물려 있었지만, 그것을 실행에 옮길 실무적 능력이 남과 북의 정권에서 서로 소통하게 됨으로써 이 뜬금없던 협상의 문이 열렸다.

한편 한반도는 글로벌 경제의 관점에서 또 하나의 호재를 만나고 있었다. 지구온난화로 북극해가 녹기 시작하면서 새로운 항로가 눈앞에 다가왔다. 동아시아는 교역량에서 세계 최대였지만 유럽과 멀리 떨어져 있기 때문에 물류비용이 너무 많이 든다는 핸디캡이 있었다. 그나마 싱가포르나 홍콩 등이 중간 기착지로서 상당한 이익을 누려왔다. 한데 북극해가 교역로로 개척되면 물류비용도 줄어들 것이고 새로운 허브항이 부상할 수 있었다. 부산, 도쿄, 상하이가 북극해로를 통과하는 허브항으로서 위상을 둘러싼 치열한 경합을 벌였다. 물론 부산이 가장 유리한 위상을 획득했다. 무엇보다도 가장 발달된 선박공장들이 부산에 인접해 있었기 때문이다. 특히 쇄빙선 기술력에서 앞선 한국이 유리했다. 인천공항이라는 대형의 국제공항이 있음에도 가덕도 공항을 만들겠다는 주장이 제기된 것도 북극해로의 등장과 밀접한 관련이 있다. 이제 부산은 아시아의 암스테르담이 될 것이라는 평판이 자자했고, 미국과 중국 등 세계의 수많은 투자자들이 부산으로 몰려들었다. 문재인 정부의 한반도 평화 프로세스는 이렇게 정치적 기획인 동시에 세계화의 지속 가능성을 높이는 방향으로의 포스트세계화 기획으로 주목을 받았던 것이다.

하지만 불행하게도, 많은 평화주의자들과 자본투자자들의 환호를 받으며 진행된 문재인 정부의 남·북한 평화체제에 관한 기획에서 한국은 실제적인 협상 당사자가 아니었다. 휴전협정을 조인한 당사자는 미국과 북한이기 때문이다. 트럼프는 미국에서 일종의 극우 포퓰리즘 정치가 실현됨으로써 대통령이 된 자다. 그리고 그를 지지한 무수한 미국의 대중, 특히 백인 중하위계층의 서사를 구성하는 데 가장 강력한 영향력을 발휘한 것은 이른바 네오콘이었다. 미국판 극우정치 엘리트들이다. 그들은 세계화를 반대하고 동아시아 냉전체제를 유지함으로써 끊임없이 존재감을 발휘해온 세력이다. 트럼프 정권에서 네오콘 인사들은 약진했고, 특히 존 볼튼 당시 국가안보보좌관은 월스트리트와 워싱턴 사이에서 동요하던 트럼프가 하노이에서 최종 협상에 난장질하도록 이끌었다. 결국 평화체제 기획은 수포로 돌아갔다. 이제 워싱턴의 정치권은 중국견제 논리에 압도되었고, 바이든은 그것을 신냉전 체제 기획을 통해 실행에 옮기고 있다.

세계의 시민사회는 문재인 정부의 평화체제 기획의 실패를 안타까워했다. 특히 분단체제를 극복해야 하는 과제를 안고 있는 한국에서는 더욱 아쉬움을 표하는 이들이 많았다. 하지만 그렇게 칭송하기에는 한 가지 점검해야 할 것이 있었다. 문 정부의 평화 프로세스에는 주변 강대국들의 이해관계를 조절하는 적극적 행위자의 측면이 두드러졌지만, 그 논의에는 세계화의 피해자들이자 포스트세계화 담론의 또 다른 주역으로 부상하는 퀴어적 존재 혹은 언더클래스의 목소리가 생략되어 있다. 즉 그것은 자본 중심의 세계화론이 꿈꾸는 경제성장의 담론이지 세계화가 심화시켜놓은 양극화의 위기, 대중의 언더클래스화 현상에 대한 성찰이 생략된 기획이다. 그런 생각을 담아내기에는 시간이 부족했을 수도 있지만, 문 정권의 폭넓은 지지 세력 사이에서 이런 고민의 흔적은 거의 제기되지 않았다. 복지확대 정도가 거의 유일한 고민인 것으로 보인다.

한나 아렌트는 『전체주의의 기원』에서 제1차 세계대전 이후 국경을 넘어 떠돌아다니는 난민들이 극적으로 증가하자 서유럽의 국가복지체제가 아무런 대안이 되지 못했다는 것을 지적한 바 있다. 아니 오히려 극우주의적 파시즘이 발흥했다는 것이 아렌트의 핵심 논지다. 그런 점에서 조국 당시 민정수석이 정부가 발의한 헌법 개정안을 국회에 상정하기 전에 대국민 설득을 위해 지상파방송을 통해 4회에 걸쳐 그 아이디어를 이야기한 바 있다. 그는 그 첫 회 방송에서 주목할 만한 논점을 제기했다. 헌법 기본권의 주체는 '국민이 아니라 사람'이라고 말이다. 그것이 내가 기억하는 유일한 문 정부의 포스트세계화에 관한 민중론적 문제제기였다.

게다가 한반도 평화체제 기획안은 동아시아의 자원 생산 과정에서 돌출하게 될 환경의 문제를 거의 고려하지 않았고, 오히려 이렇게 고려하지 않는 것을 전제로 하는 발전기획안이기도 하다. 신종

팬데믹 사태들이 주로 남아시아와 아프리카에서 밀림이 개척되면서 나타난 이종감염바이러스(heterogeneous virus) 질환이라면, 어쩌면 동아시아가 그런 질환의 발생장소로 부상할 가능성도 있다. 더욱이 오존층의 파괴로 인한 기후위기도 한국 중심의 포스트세계화 담론이 직면해야 하는 과제였다.

세계화로 인해 사람과 사람 사이의 연결망이 무한히 확대되게 했고, 사람과 동물의 간극도 훨씬 흐릿해졌다. 또한 자연환경도 공존하지 않으면 상멸의 위기를 맞게 되었다. 심지어 바이러스와도 상생이 필요한 시대가 되었다. 모든 경계는 허물어지고 있다. 해서 그런 변화를 적극적으로 수용하여 상생의 체계를 구축하는 데 활용함으로써 포스트세계화 시대가 도모되어야 한다. 그래야 위기가 한꺼번에 터지는 퍼펙트 스톰의 위기를 우회할 수 있다.

민중신학의 오클로스론은 세계화가 초래한 새로운 민중문제인 언더클래스화 현상에 대한 민중신학적 비평으로 적절하다.[18] 여기에는 언더클래스의 발화 능력을 상실하게 만드는 세계화 시대 자본주의적 지배양식에 대한 신학적 비평이 함축되어 있고, 언어가 되지 못한 그들의 소리('한의 소리')를 정치적 언어로 재현하는 것에 관한 아고니즘(agonism)적 문제제기[19]가 담겨 있다.

---

18) 나의 글 「오클로스론의 '현재성': 안병무의 예수역사학 다시 읽기」 참조 (https://owal.tistory.com/605).

19) 아고니즘은 참여민주주의의 한계를 돌파하는 문제제기로서 주목된다. 참여민주주의는 민주주의를 대중의 직접적 참여를 통해 구현할 수 있다는 믿음을 통해 구현되는 체계다. 문제는 그 대중이 언어적으로 민주주의의 공론장에 참여할 수 있을 때 가능한 것이라는 데 있다. '사회적 배제' 담론은 많은

하나 더, 특정한 소리를 언어화되지 못하게 하는 지배체제의 메커니즘에 대해 민중신학은 '죄의 체제'라는 문제설정을 통해 신학적 비평을 제기한 바 있다. '한의 자리는 감옥'이라고 말한 김지하의 문제제기를 서남동은 '한의 자리는 죄'라고 신학화했고 안병무는 죄를 '죄의 체제(regime of sin)'의 관점에서 보아야 한다고 제안했다. 그런데 그런 죄의 체제에 대한 문제의식을 안병무의 말기 사유는 '살림'의 관점으로 리세팅한다. 즉 김지하나 서남동, 그리고 안병무, 나아가 대부분 후세대 민중신학자는 민중을 계급화된 인간의 질서에 국한해서 사유해왔는데, 그것을 보다 확장해서 살림과 죽임의 체제에 관한 논의로 사유를 확장할 것을 안병무 자신이 제안했다. 포스트휴먼시대의 트랜스페미니즘을 논한 캐서린 캘러(Catherine Keller)는 민중신학의 오클로스적 언더클래스와 비슷한 논점을 '언더커먼스(undercommons)'라고 말한 바 있다. 하지만 언더커먼스론의 초점은 '포스트휴먼적'이라는 데 있다. 인간 중심적 사유를 넘어서야 언더클래스가 더 잘 보인다는 얘기겠다. 안병무의 '살림'은 캘러의 포스트휴먼적 논점을 통해 보완하기에 적합한 민중론이다.[20] 그런 문제의식을 가지고 윤석열 식의 안보

사람들로 하여금 자신의 의사를 적절하게 표명하지 못하는 장치들이 얼마나 많은지를 문제제기하였다. 그리고 민중신학은 그것을 '사회적 실어증'이라는 은유적 표현으로 비평했다. 아고니즘은 바로 그런 존재들의 하위공론장들을 지배적 공론장에서 어떻게 담아내야 하는지를 모색하는 운동이자 정책적 실험들을 다룬다.

20) 나의 글 「민중신학, 21세기적 전환에 관한 내설: 안병무의 살림과 포스트휴먼적 아고니즘의 정치신학」, 한신대신학대학원 목요강좌(2022.11.10) 참조 (https://owal.tistory.com/682).

정치와 문재인 식의 평화정치를 비판하면 민중신학의 '살림정치'가 좀 더 명료해진다. 거대한 이데올로기들(냉전이라고 하든 평화라고 하든)이 주장하는 지배담론들, 그 공공성의 언어체계 속에서 언어를 도난당한 포스트휴먼적 존재들(언더클래스든 언더커먼스라고 하든)의 은폐된 배제와 박탈에 관해 증언하고 그들의 말이 되지 못한 소리를 대언(代言)하는 것, 그것이 민중신학이 과제로 짊어져야 하는 '살림정치'의 내용이다. 바로 지금이 그런 이야기를 해야 할 시간이다.

03

'48년체제'를 소환하다

'4·3기억'의 반기억

'48년체제'의 초석적 사건

'48년체제(1948-year regime)'라는 제도적이고 담론적인 극우반공주의적 규율체계가 강력한 권력연합을 구축하게 될 때 한국사회는 파시즘의 잔혹한 격랑에 휘말렸다. 국가에 의한 폭압적 살상극인 제주 4·3사건은 이 체제 형성의 초석이었다.

해방 이후의 정치 과정 자체가 대중의 지지를 더 많이 받거나 사회적이고 정치적인 자원을 더 많이 가지고 있던 세력1)이 아닌, 미군정과 소군정의 지지를 받았던 소수분파가 주도권을 장악하는 방식으로 전개되었다. 그리고 그 과정에서 대중의 지지를 받던 세력은

---

1) 북한의 경우 조만식의 지지자 중에는 도시의 중소상공인·중소지주·자작농 같은, 당시 새로 부상하고 있던 '자립적 중산층(independent middle class)'이 많았고, 종교적으로는 서북지역의 개신교도가 주축을 이루었다. 서북지방의 도시지역을 중심으로 두텁게 형성되고 있던 자립적 중산층이 개신교를 적극 수용한 이들이었다는 견해에 대해서는 이진구, 「한국개신교 수용의 사회문화적 토대에 관한 연구: 평안도 지역을 중심으로」, 《종교와 문화》 2호(1996) 참조.

배제되었다. 특히 남한의 경우 헤게모니 세력은 다수 대중의 이해보다는 권력자원을 과점했던 집단의 이해가 더 많이 관철되면서 헤게모니화가 진행됐다. 해서 남한사회의 체제 형성 과정은 극도의 혼란 속에서 진행되었다.

이런 혼란 상황은 국가가 설립된 이후에도 계속되었다. 하지만 국가의 탄생은 그 이전과 이후를 가르는 결정적인 분기점이 될 수 있다. 왜냐면 국가는 헌법, 정치구조, 국가와 시민의 관계 등, 정치사회적 제도를 만들면서 시작되기 때문이다. 이제 대다수 사람은 서로 분쟁하게 될 때도 그 사회의 게임룰 안에서 하게 된다. 그 과정에서 그 사회 특유의 일상문화가 만들어진다. 집단적인 일상문화는 구성원들이 대화하고 다투고 화해하고, 그 밖의 여러 방식으로 얽히면서 형성되기 때문이다.

고대 이스라엘의 가나안 정착 과정을 존재하는 모든 것들의 절멸 과정으로 묘사하는 성서의 설화는, 그것이 현실의 과정이라면, 거기에서 국가가 탄생하기는 매우 어렵다. 국가는 씨족과 부족사회보다 훨씬 폭넓은 집단들이 서로 공존하고 삶이 얽힐 때 출현할 수 있다. 그런 얽힘의 제도가 필요하고 그 제도를 통해 일상문화가 구축될 때 국가는 비로소 역사 속에 등장할 수 있다. 즉 정복된 지역의 모든 존재를 절멸시킨다는 성서의 설화는 신화적 묘사이거나 아니면 국가는 꿈도 꿀 수 없는 원시적인 집단의 기억을 반영한다.

이렇게 정치사회적 제도와 일상문화가 다른 사회와 구별되는 독특성을 갖게 될 때, 그것을 규정하기 위한 사회과학적 개념이 바로 체제(regime)다. 나는 한국의 국가가 탄생한 1948년을 기점으로 한국사회에 형성된 독특한 정치사회적 제도와 일상문화를 포괄하는 개념으로 '48년체제'라는 용어를 쓰고 있다. 물론 이 용어는 내가 창작한 것이 아니라 이미 널리 사용되는 개념이다. 정치학자인 박찬표는 최근 그것을 체계적으로 설명하는 저작을 남겼다.[2] 그에 따르면 대한민국은 건국 당시부터 '반공'을 키워드로 하는 지배연합이 구축되었고, 그들의 헤게모니화 과정을 통해서 국가는 안착했다. 그렇게 해서 파시즘적 국가가 장기간 우리 사회를 통치했다.

시민혁명에 의해 반공주의적 지배연합이 붕괴되고 헌법이 개정되는 일이 수차례 있었다. 그럼에도 그것이 '48년체제'의 종식을 의미하는 것은 아니었다. 파시즘에 반대하면서 민주주의를 추구하는 새로운 헤게모니 세력도 여전히 국가와 국민 개개인의 몸에 새겨진 '48년체제'의 흔적으로 인해 새로워야 할 정치적 사회적 선택이 왜곡되곤 했다. 즉 '48년체제'는 파시즘적 국가로 현현하기도 하지만, 민주주의적 국가로의 전환을 도모할 때도 그것은 선택의 제약으로 작용한다.

물론 박찬표는 일상문화를 좀 더 깊게 다루지 않았기에, 파시즘의 내면화 문제에 대해서는 깊게 사유하지 않은 것으로 보인다. 나는 이 글에서 국가제도로 외화된 파시즘과 내면의 파시즘, 이 두 욕구가 '48년체제' 속에 어떻게 잔존하고 그 영향을 미쳐왔는지를 주목하면서 논지를 펴고 있다.

다시 앞으로 돌아가자. 극도의 혼란 속에서 남한 단독정부 수립안

2) 박찬표, 『한국의 48년체제: 정치적 대안이 봉쇄된 보수적 패권체제의 기원과 구조』(후마니타스, 2020) 참조.

이 확정되었다. 같은 시기 북한도 정부 수립 수순을 밟게 되었다. 남한에서는 1948년 5월 10일, 건국을 위한 총선거가 치러졌다. 북한에 할당된 100석을 제외한 200명의 제헌의회 의원을 선출하는 선거였다. 전국 투표율은 무려 95.5%나 되었다. 군정당국과 군정경찰의 폭력과 학살, 그리고 백색테러들에도 불구하고, 국가 창건을 위한 선거에 다양한 유권자들의 열렬한 참여가 빛났다. 그렇게 선출된 제헌의회 의원들은 헌법을 제정하고, 헌법이 정하는 방식에 따라 대통령을 추대했다. 내정된 대로 이승만이 초대 대통령이 되었다. 외형상으로만 보면 이렇게 진행된 대한민국 국가의 창건은 국민의 축제인 것처럼 보였다.

하지만 실상 국민에게 이 과정은 전혀 축제가 아니었다. 해방정국의 수많은 디스토피아적 사연들은 생략하고, 그 직후 정치 과정에 대해서만 언급해보자. 이승만은 대통령이 된 직후 처음부터 공포정치를 구사한다. 취임 62일 만인 10월 17일 제주 전역에, 그리고 21일에는 전남과 경남의 일부 지역에 계엄령을 선포했다. 이후 제주와 여순 지역에서 국가에 의한 끔찍한 학살극이 펼쳐졌다. 수만 명의 사망자가 나왔고 그 밖의 피해는 헤아릴 수도 없다. 새 정부의 창건은 살육으로 점철되었다.

이는 이승만 정부가 '증오'를 국가 형성의 핵심 기제로 활용한 탓이다. 제헌헌법의 초안 작성자인 유진오는 다양성의 조화와 공존을 기본정신으로 하는 법을 만들었다고 진술한 바 있다.[3] 그러나 그 법에 의한 추대된 초대 대통령 이승만은 조화와 공존이 아니라 배타

---

3) 안도경 외, 『1948년 헌법을 만들다. 제헌국회 20일의 현장』(포럼, 2023), 22쪽.

성과 적대를 통해 국가를 운영하고자 했다. 극단적 반공주의 원리로 말이다. 그러니 그는 헌법을 준수할 의지가 없었다. 해서 그는 집권하자마자 계엄령을 선포했다. 계엄령은 '법의 효력을 중지시키는 법적인 예외장치'다.

이후 쿠데타로 집권한 몇 명의 통치권자들은 늘 이런 법적 예외장치를 활용해서 초법적 권력을 휘둘러댔고 심지어 그런 초법적 권력을 법률의 일부로 포함하는 개헌 작업을 진행하기까지 했다. 나아가 그런 초법적 법률에 부응하는 사회·문화적 제도화를 추진했다. 하여 '48년체제'는 파시즘적 국가로서 역사 속에 임재(presence)하게 되었다. 그리고 시민혁명을 통해 그 초법적 법을 정상화하는 민주주의적 개헌이 이루어진 뒤에도, 사회와 문화 속에 새겨진 '48년체제'의 흔적은 이른바 '우리 안의 파시즘'으로 나타났다. 그 '48년체제'의 초석적 사건(foundational event)이 바로 제주4·3사건이다.

파시즘적 체제

왜 이승만은 새로 창건된 국가를 도살장으로 만들어버렸을까. 제헌의회 198석 중 여당이라고 할 수 있는 독립촉성중앙협의회가 얻은 의석은 55석에 불과했다. 여당 이중대라고 할 수 있던 한국민주당(한민당)의 의석은 29석이었다. 두 당을 합해도 84석, 40%를 약간 상회할 뿐이었다. 반면 무소속 당선자는 그보다 한 석 많은 85명이었다. 제헌헌법은 정부형태를 의원내각제를 가미한 대통령중심제로 규정했기 때문에 여소야대 정국에서 대통령의 권한은 제한적일 수밖에 없었다. 또한 사법부도 김규식계라고 할 수 있는 김병로 대법관이 이끌었으니 삼권분립 제도 아래서 대통령이 사법권을 장악할 수도 없었다.

한데 이승만은 한민당계 인사인 조병옥이 지휘했던 경찰의 지지를 받았다. 미군정청에 의해 경무국장으로 임명된 조병옥은 일제 강점기 시절 총독부 경찰의 40~50%를 차지했던 조선인 경찰들을 대거 복귀시켰다. 일제 강점기, 특히 전시동원체제이던 1930년대 후반 이후 경찰병력은 초과잉 상태였다. 해방 이듬해인 1946년 조병옥 치하의 경찰 총수는 2만 5,000명에 달했는데, 1948년 정부수립 직후엔 3만 4,000명으로 136%나 증가했다. 국가의 재정능력이 세계 최하위권에 속해 있고 경제적 성장 잠재력이 거의 없던 나라에서, 오직 경찰력만이 과잉성장했다.

또 일본 식민당국이 관리하던 3,000여 개 조직의 250만 명에 달하는 청년단체 회원의 상당수가, 경무국의 직간접적 영향권 아래 있는 우익청년단원으로 탈바꿈했다. 해방정국 때부터 그들은 사실상 이승만을 지지하는 백색테러 조직으로 활동했고, 5·10 총선거 직전에 그들은 양성화된 치안보조 단체의 일원으로 편입되었다. 하여 그들의 폭력은 이제 테러가 아니라 공권력의 행사가 되었다. 건국 이후에도 일정기간 동안 이들의 '잔인한 공권력 행사'는 계속되었다.[4]

---

4) 조병옥은 우익청년단체들을 준경찰화한 '향보단'을 조직하여 경찰력을 보충했고, 이후 이 우편향된 민간경찰조직은 '민보단'이라는 명칭으로 재조직되어 과잉경찰국가 사회의 한 부분을 담당했다. 이만재, 「제1공화국 초기 향보

여기에 서북지역에서 탈북하여 남한사회에 유입된 청년조직인 서북청년단이 가세했다. 아니 가세했다는 말이 무색할 정도로 이들의 활동은 압권적이었다. 이는 그들이 북한에서 공산주의 세력의 탄압을 받으며 탈북을 단행했기에 반공성향이 남달랐다는 사실과 무관하지 않다. 한편 그들은 다른 청년조직들과는 달리, 엘리트 반공주의 청년들이 많았기에 남한사회의 헤게모니 집단으로 부상할 가능성이 매우 높았다.

한편 일제 강점기 시절 조선총독부 혹은 만주국 소속 장교와 하사관 상당수가 조선인이었는데, 그들 중 다수가 대한민국 국군 창건에 깊게 관여했다. 문제는 그들 대부분이 '친일경력'을 세탁하기 위해 '반공전사(anti-communist warriors)'로 변신했다는 점에 있다. 그리고 이들은 이승만의 열렬한 지지세력이었다.

과대성장한 경찰과 우익청년조직, 그리고 반공전사가 된 군부 세력은 이승만 정권의 강력한 전위대였다. 바로 이들이 제주와 여순 지역에서 대규모 군사작전에 참여하였다. 그런데 이 군사작전은 대대적인 민간인 학살을 동반했다. 세계대전 당시 일본군이 그랬듯이, 그리고 이후 한국전쟁과 베트남전쟁에서 대한민국 국군이 그랬듯이 말이다.

역사학자 조지 모스(George L. Mossee)가 말한 것처럼. 전쟁 체험은 '적'을 비인간화하여 절멸의 대상으로 인식하도록 하는 경향이 있다. 이 과정에서 증오는 신앙이 되고, 폭력은 국가라는 신으로부터 위임받은 정의의 실천이 된다. 그는 나치의 국가를 이렇게 정치종교적

단·민보단의 조직과 활동」,《한국민족운동사연구》 93호(2017) 참조.

체제로 보는 것이다.[5] 나치 체제만큼 광범위한 국민이 광신도화된 국가는 아니지만, 이승만의 국가도 이렇게 신이 된 국가를 수호하는 광신도들을 적극 활용했다. 그들은 자신들의 과거 이력이 어떻든 간에, 아니 그런 친일 이력 때문에 더욱 광적인 '애국적 신도'로서 주체화된다.

이렇게 전쟁 체험의 신화'를 통해 주체화된, 과잉성장한 경찰과 군대, 그리고 우익청년조직들의 지지를 한 몸에 받는 이승만의 국가는 입법부도 사법부도 무력화하는 일종의 파시즘 체제로 자리 잡는다. '48년체제'는 이렇게 시작되었다.

국제정치

이러한 '48년체제'의 등장은 세계대전 이후의 국제정치의 산물이다. 제2차 세계대전에서 파시즘 국가들은 몰락했다. 승자는 그것을 '민주주의 체제의 승리'로 해석했다. 당시 민주주의 체제는 이데올로기적으로 두 유형으로 나뉜다. 자본주의 이데올로기인 '자유민주주의'와 공산주의의 '인민민주주의'가 그것이다. 결국 전후 세계는 승리한 두 이데올로기 간의 경합이 불가피했다.

한데 변수가 생겼다. 식민화되었던 많은 지역에서 가열찬 해방운동이 벌어졌는데, 패전국들은 물론이고 승리한 제국들도 이 해방운동들을 제압할 여력이 없었다. 한데 이들 해방운동을 주도한 세력은

---

5) 조지 L. 모스, 오윤성 옮김, 『전사의 숭배』(문학동네, 2015) 참조.

대체로 공산주의에 경도되어 있었다. 그런 이유로 해방된 많은 나라에서는 공산화가 이미 되었거나 진행되고 있었다.

이런 상황에서 1947년 3월 12일, 미국 대통령 트루먼(Harry S. Truman)이 미국 의회에서 행한 연설은 의미심장하다. 자유주의 진영을 대표하는 서유럽 국가들의 재건을 위해 물질적 지원을 아끼지 않을 것이며 그리스, 튀르키예 등 공산화의 위기에 있는 국가들에게 적극적으로 군사적 지원을 하겠다는 내용이다. 이것은 국제정치상의 불간섭주의에서 적극적 개입으로의 전환을 뜻한다. 그리하여 공산주의의 팽창을 막고 미국 중심의 세계질서를 구축하겠다는 것이다. 이제 세계는 냉전 시대에 돌입했다. 미국은 그 전선의 반공주의 진영쪽 경찰국가이자 패권국가가 되었다. 이런 중대한 전환의 계기라는 점에서 이 연설을 '트루먼 독트린(Truman doctrine)'(1947.3.12)이라고 부른다.

여기서 우리가 주목하는 것은 공산화 위기에 놓인 국가들에게 군사적 지원을 하겠다는 대목이다. 문제는 누구를 지원한다는 것인가에 있다. 어떤 사회가 공산화 위기에 있다는 것은 그 사회 구성원 다수가 공산주의를 지지한다는 뜻이다. 그리고 그곳의 공산주의자들이 해방운동의 주축이었다는 것을 시사한다. 반면 미국의 군사적 지원을 받을 반공주의 그룹은 주로 자산가들로서 식민지 시절에 제국주의자들의 협력자였거나 제국 군대의 장교로 복무한 자들이 많았다. 남한에서도 사정은 비슷했다.

이 독트린이 발표된 바로 다음 날 이승만은 '남한 과도정부' 수립의 필요성을 주장하는 성명을 발표했다. 그것만이 한반도에서 공산주의를 막을 수 있다는 논리로 말이다. 한데 이승만의 주요 지지세력은 다수가 친일경력을 가진 지주세력과 총독부 산하 공무원과 만주군 소속 공무원, 특히 일본군과 만주군 장교 출신 인사들이었다.

그 무렵 미군정 당국은 1945년 12월의 모스크바 삼상회의에서 미국의 입장을 반영하는 신탁통치안6)에 반대하는 고집불통의 이승만보다는, 합리적인 온건우파 지도자 김규식을 더 신뢰했다. 그러나 트루먼 독트린 이후 미국정부는, 이 독트린의 문제의식을 잘 이해하고 있어 미국의 대아시아 전략에 더 적합한 인물인, 강경 반공주의자 이승만에게로 선회한다.

이듬해인 1948년 5월 10일 (이승만의 계획대로) 남한만의 총선거가 실시되었다. 그해 4월 3일 제주에서 벌어진 파출소 습격 사건은 바로 이 총선거에 반대하는 공산주의자 혹은 좌우합작론자들의 저항의 퍼포먼스였다. 이에 대한 당국의 부적절한 대응은 그 문제제기를 전 도민의 생존권의 문제로 확대하는 결과를 초래했다. 격렬한 도민의 시위가 있었고 그 여파로 세 개 선거구 중 두 곳에서 당선자를 내지 못했다. 그 총선에서 당선된 국회의원들의 추대로 대통령이 된

---

6) 모스크바 삼상회의에서 소련은 남북한 지역에 정당과 시민단체들이 참여하는 임시정부를 세울 것을 주장했고, 미국은 5~10년 정도 신탁통치의 필요성을 제기했다. 이 두 입장은 회의 결과에 절충되어 표현되었지만, 소련의 주장이 더 비중 있게 다루어졌다. 한데 《동아일보》는 소련 때문에 신탁통치안이 제출되었다는 가짜뉴스를 게재했다. 그것도 회의 결과가 발표되기 하루 전에 말이다. 이 오보의 배후를 추적한 한 논문은, 이승만과 도쿄의 맥아더 사령부가 이 오보의 배후로 관여되어 있다는 합리적 추론을 제기한다. 정용욱, 「모스크바 삼상회의 결정의 국내 전달 과정에 대한 연구」, 《청계사학》 18호(2003.8) 참조.

이승만은 수락을 서명하는 잉크가 채 마르기도 전에 이곳에서 피비린내 나는 살육전을 폈다. 그것이 제주4·3사건의 개요다.

　물론 이런 학살극은 트루먼 독트린이 의도한 것이 아니었다. 하지만 그리스에서 그랬듯이 미국의 지원을 받는 정치세력은 대중, 특히 행동주의적인 대중의 지지를 받는 공산주의 세력에 대한 무자비한 탄압과 학살을 자행했다. 더욱 심각한 것은 그런 학살 과정에서 수많은 민간인이 학살당했다는 점이다. 그리스도 그랬고 제주도 그랬다.[7] 두 곳 모두 트루먼 독트린의 의도하지 않은 결과였고, 두 곳 모두 법의 효력을 정지시키고 '반공주의적 증오'를 통치의 수단으로 삼는 정권이 장기집권했다. 그리고 두 곳 모두 그 정권은 파시스트 체제를 구현했다. 이렇게 한국의 '48년체제'는 미국의 국제정치가 만들어 높은 냉전의 공간에서 벌어진, 자유민주주의적 파시즘 체제로 형성되었다고 할 수 있다. 역설적이게도 파시즘과 전쟁에서 승리한 미국의 전후 반공주의적 냉전의 국제정치는 이들 식민지에서 해방된 무수한 국가들에서 파시즘 체제의 등장을 초래했다.[8]

　그러나 식민지에서 해방된 파시즘 국가들은 유럽에서 등장한 파시즘 체제와는 다른 양상을 띤다. 유럽의 파시즘 체제는 극우화된

---

7) 양정심, 「제주4·3과 그리스 내전 비교 연구: 미국의 역할을 중심으로」, 《이화사학연구》 37호(2008) 참조.

8) 한국에서 이승만 정권을, 식민지 해방 직후 제3의 길로 갈지 파시즘의 길로 갈지를 둘러싸고 펼쳐진 논쟁과 갈등 과정에서, 파시즘적 지도자로서 이승만과 그의 제1공화국을 다룬 연구서인 후지이 다케시의 『파시즘과 제3세계주의 사이에서: 족청계의 형성과 몰락을 통해 본 해방 8년사』(역사비평사, 2012) 참조.

광폭한 대중의 열렬한 지지에 기반을 둔 대중독재를 통해 구현되었다. 하지만 해방된 식민지 파시즘 체제들의 경우 일부 엘리트 그룹들이 그런 욕구를 갖고 있었으나, 그들이 더 많은 시간과 자원을 갖게 된 훨씬 후대에 가서야 파시즘 체제가 안착할 수 있었다. 한국의 경우 자원의 축적과 매스미디어의 비약적 발전을 이룩한 1970년대에 와서야 대중독재로서의 파시즘 체제가 정착했다. 그러나 이승만이 심어 놓은 파시즘적 체제로서의 '48년체제'는 그것을 추구한 정치적 권력이 몰락한 이후에도 잔존하며 적잖은 영향을 미쳤다. 대중독재를 반대하며 등장한 민주주의 지향의 정부들조차 반공주의와 증오의 장치는 내면의 기제로서 작동하며 민주주의를 지향하는 사회적 선택들을 왜곡시켰다. 한편 서기 2000년대 전후 한국사회 진보진영 내에서 벌어진 격렬한 담론 투쟁의 한 소재가 '우리 안의 파시즘'이었다.[9] 그 주장에 의하면 파시즘은 사회정치적 제도인 동시에 내면의 제도이기도 하다는 것이다.

'어게인 1948'

2006년 뉴라이트 이론가로 알려진 경제사학자 이영훈이 《동아일

---

9) 《당대비평》 8호(1999년 여름) 특집 "우리 안의 파시즘: 내면화된 권력, 혹은 자발적 복종에 대하여"는 파시즘의 내면화 문제를 두고 진보 지식인 사회에서 격렬한 논쟁을 불러일으켰고, 그 특집 원고들을 확대해 출간된 『우리 안의 파시즘』(삼인, 2000)은 그 논쟁을 시민사회 전반의 논점으로 확대했다.

보》(2006.7.31)에 「우리도 건국절을 만들자」라는 칼럼을 기고했다.[10] 이 칼럼을 기점으로 한국사회에는 학계는 학계대로, 시민운동단체들은 시민운동의 방식으로, 그리고 정치계는 정치를 통해서 치열한 건국절 논쟁이 벌어졌다.

이영훈의 건국론은 전형적인 '가족 로망스' 담론이다. 그가 보기에 민주주의의 서사는 위조된 현실이며, 이는 '저항적 민족주의'라는 '착시안경'이 왜곡한 역사 때문이다. 1904년 러·일전쟁 이후 일본으로부터 수입된 '민족'이라는 근대주의적 발명품이 식민주의적 주체인 '일제'의 대립물로 의미화되면서 저항적 민족주의가 탄생했다는 것이다.[11] 이를 가족 로망스식의 서사로 다시 이야기하면 식민화로 인한 '고아의식'에서 벗어나기 위해 자신을 재주체화하는 도구로 저항적 민족주의라는 착시안경이 만들어졌다는 것이다. 이 착시안경은 해방 이후에까지 계속되면서 식민지 시대를 객관적으로 보는 걸 방해했다. 더욱이 식민지적 잔재를 청산해야 한다는 도덕주의적 구호와 얽히면서 '항일'로 링크되지 않는 모든 기억은 삭제의 대상이 되었다. 이런 과도한 도덕적 역사주의로 인해 그 시대를 살았던 많은 보통 사람들의 삶의 진정성이 망각되었다. 이때 기억에서 배제된 이들 중에는 무수한 현실의 아버지들도 있었다. 그 현실의 아버지들은 나름의 열정을 가지고 그 시대를 살아낸 이들이다. 그런 이들의 다수가 건국의 대열에 참여했다. 이승만 정권은 바로 그런 이들을

---

10) https://www.donga.com/news/article/all/20060731/8335196/1.

11) 이영훈, 「왜 다시 해방 전후사인가」, 박지향·김철·김일영·이영훈 엮음, 『해방 전후사의 재인식』(책세상, 2006), 33쪽.

포함시킨 국가를 만들어냈다. 일제 강점기 때 구축된 근대의 흔적들을 활용하려면, 그 시대를 살아냈던 이들의 경험과 지식이 필요했던 것이다. 한데 공산주의자들은 항일과 링크되지 않은 무수한 아버지들의 존재를 배제한 국가를 꿈꾸었다. 이승만의 반공주의적 투쟁은 바로 그런 착시안경을 쓴 원조 분리주의자들과의 싸움이었다는 것이다.

이상이 내가 재정리한 이영훈의 건국절 담론의 골자다. 그런 점에서 건국절의 이승만은 '귀환한 상징의 아버지'다. 그이를 통해 그 시대를 다시 읽고, 그 앞 시대, 곧 일제 강점기를 다시 살펴보면 오늘의 시대를 다르게 읽는 지혜를 얻을 수 있다는 얘기다.

이영훈의 이런 도발적 문제제기가 있던 때를 전후로 한국사회에는 무수한 뉴라이트 운운하는 단체와 담론이 활기를 띠었다. 접두사 '뉴(new)'가 붙음으로써 기존의 우파는 '올드라이트'가 되어버렸다. 그것은 올드라이트가 민주화론자들과의 담론투쟁에서 실패했다는 것을 가정한다. 하여 이 시대는 너도나도 '뉴라이트'를 자처했다. 심지어 이명박 정부는 '뉴라이트' 인사로 자타에 의해 공인된 이들을 대거 발탁해 정권의 이데올로그로 활동하게 했다. 하지만 아직 생각을 국정에 담아본 경험이 일천했던 뉴라이트 인사들은 전혀 새롭지 않은 우파의 정책과 담론을 남발했다.

이렇다 보니 뉴라이트와 올드라이트의 경계는 모호할 수밖에 없었다. 실은 뉴라이트(이하 '뉴')에 대해 많은 사람들은 올드라이트(이하 '올드')와 같거나 '더 날것'의 우파처럼 보기도 했다. 한데 2010년대에 여러 뉴라이트 그룹 중 '뉴'라는 말에 딱 맞아 보이는 이들이 눈에

띄기 시작했다. 그중 가장 매스미디어의 주목을 받은 것은 이른바 온라인 담론 공동체인 '일베'다. 그 밖에 에스더기도운동본부나 인터콥 같은 극우성향의 개신교계의 선교전문기구들도 미디어의 주목을 끌었다.

이들이 '올드'와 가장 두드러지게 구별되는 것은 주된 활동의 공간이 '온라인'이라는 점이다. '올드'는 '아스팔트우파'라는 명칭에서 시사되듯 주로 오프라인 공간에서 활동해온 반면, '일베' 등은 온라인 공간이 주무대다. 자연 '올드'는 연령적으로 중장년층이 압도적으로 많은 반면, '뉴'는 MZ세대라고 부르는 청중년이 대다수다. 또 '올드'는 구호를 소리쳐 외칠 때 격한 흥분의 감정을 드러내려 하지만, '뉴'는 비아냥거리는 조롱이 유난히 많다.

하나 더 얘기하자면 '올드'는 '개신교'와 깊은 연관성을 갖는다. 반면 '뉴'는 탈교회성 혹은 메타종교성과 관련이 있다. 전자가 근대적 종교성의 양상을 드러내고 있다면, 후자는 탈근대적 종교성의 한 풍경을 보여준다. 가령 아스팔트우파의 집회는 노천부흥집회 같다. 인기 있는 강연자는 마치 부흥사처럼 소리를 고래고래 지르면서 청중의 흥분을 자극한다. 음량을 최대치로 올린 스피커를 통해 그의 자극적인 발성은 그곳의 모든 잡음을 사로잡아버린다. 악기는 흥분한 대중의 감성을 한층 더 고조시킨다. 그리고 대중은 열렬히 리액션한다. 집회는 행위자들 각자가 자신의 역할을 충실히 수행하도록 세팅되어 있다. 그리고 메시지는 언제나 일방향적이다. 이렇게 '올드'는 근대적 종교성의 한 양상을 전형적으로 보여준다. 이에 비해 '뉴'의 공론장에선 누구도 고정된 역할을 수행하지 않는다. 각기 자신의 말을 하고 누군가의 말에 반응한다. 말하는 이와 듣는 이가 구별되지 않는다. 비아냥과 야유와 토론이 뒤섞여 있다. 이것은 「사도행전」 2장 4절에서 오순절 성령의 강림을 체험한 이들이 각기 자신의 말을 하는 난장(亂場), 곧 '카오스 스피킹(chaos speaking)'의 현장과 유사하다. 성서는 그 상황을 목격한 사람들이 그들의 카오스 스피킹의 내용을 이해했든 아니든 그 분위기에 공명하게 되었음을 말한다. 그런 것처럼 '뉴'의 난장 같은 공론장은 사람들이 그 메시지 내용을 공유했다기보다는 그 정서를 공유한다. 「사도행전」 2장의 성령강림 현장은, 하나의 종교에 의해 모두가 합일하는 것이 아닌, 다양한 이들이 각기 성령이 일으키는 기조를 공유하면서 나름의 방식으로 공명하는 종교성을 보여준다. 이런 종교성을 '메타종교성(meta-religiosity)'이라고 하는데, 이는 들뢰즈가 말한 '카오스모스(chaosmos)'의 시간,12) 곧 혼돈과 질서가 중첩되는 담론의 공간에서 작동하는 새로운 종교성을 말한다. 한데 흥미롭게도 '일베' 등이 만들어낸 공론장은 그런 메타종교성의 장을 보여주었다. 이야기의 난장이라는 점에서 카오스적인데, 그 속에서 '적에 대한 증오'의 감정에 공명하는 질서가 구축되었다는 뜻이다.

이렇게 '장(fields)'의 차이는 내용이나 활동 형식에서 더 많은 차이를 두드러지게 한다. 당장은 '뉴'는 자신들이 '올드'와 얼마나 다른지를 강조하는 듯이 보이지만, 시간이 흐르면 점차 차이보다는 유사성이 더 부각될 것이고 절충의 수사가 더 발달하게 될 것이다. 실제로 윤석열 정권의 탄생 과정이 보여주듯, 민주연합이 보수연합과 대등한

---

12) 질 들뢰즈, 김상환 옮김, 『차이와 반복』(민음사, 2004), 146쪽.

경쟁력을 갖춘 상황에서 '올드'와 '뉴'는 서로 연결된 담론 공동체로 결속하게 될 가능성이 있다. 문제는 그 담론 공동체가 어떤 것인가에 있다.

여기서 우리는 오늘의 '올드'와 '뉴'가 공유하는 주체성의 서사에 주목하게 된다. 양자 모두 '민주화'를 '종북'의 유사어로 간주했고, 반공을 다시 강력한 규율장치로 재활성화하려는 데 집중했다. 건국절 담론이 바로 그렇다. 여기에는 이승만을 '다시 귀환한 상징의 아버지'로 규정하는 관점이 덧붙여 있다. 즉 건국절과 국부 이승만 담론은 한국의 '뉴'와 '올드'를 결속시키는 핵심 키워드다. 이것을 달리 말하면 오늘 한국의 우파는 한 목소리로 '어게인 48년체제'를 소리 높여 부르짖고 있다는 것이다.

한데 앞에서 보았듯이, '48년체제'의 소환은 파시즘 체제를 재등장시킬 위험에서 자유로울 수 없다. '48년체제'의 씨앗을 뿌린 이승만 정권이 반공규율사회로서의 파시즘 체제로 진행되는 경로의존성을 보여주었고, 그 과정에서 이승만을 지지하는 대중은 비국민으로 낙인찍힌 '배제된 자들'에 대한 치명적인 국가폭력을 대리했고, 심지어 배제와 포섭의 경계에 있는 무수한 이들에게도 충분히 잔인해질 수 있었음을 간과할 수 없다. 해서 이 글은 극우파가 등장하는 과정과 그들이 파시즘 체제의 폭력 수행자로 주체화되는 과정에 관해서 이야기하지 않을 수 없다.

포퓰리즘 정치

시민혁명을 통해 파시즘 체제가 몰락하고 자유민주주의와 인민민주주의 체제가 작동되기 시작했다. '자유'를 강조하든 '인민'을 강조하든 승자들은 자신들의 체제가 민주주의라고 주장했다. 한국도 1990년대 이후, 비록 형식적(절차적) 민주주의에 경도된 점이 없지 않음에도, 파시즘적 체제와는 다른 정치제제가 대두했음은 분명하다. 한국을 포함한 대부분 비공산권 나라에서 주장하는 자유민주주의만 주목하면, 칼 포퍼의 표현대로 최선을 추구하는 인민민주주의와는 달리 자유민주주의는 최악을 제거하는 방식으로 제도화된다. 이런 제도적 틀 내에서 정치세력은 경쟁을 하고 집권에 이르기도 한다. 여기서 중요한 것은 어떤 정치세력이 집권하려면 시민사회를 설득해내야 한다는 것이다. 그렇게 해서 집권세력이 세 번 이상 바뀌면 그 사회의 민주주의는 공고화(democratic consolidation)되었다는 평판을 받게 된다.

한데 그렇게 민주주의가 공고화되었다고 자타에 의해 인정받던 국가들에서, 최근 파시즘적 정치세력이 득세하고 심지어 집권하는 일이 공공연히 일어나고 있다. 물론 그 과정이 민주주의 체제에서 파시즘 체제로 바로 이행하는 경우는 드물다. 쿠데타 같은 정변에 의한 것이 아니라면 말이다. 그 사이에 포퓰리즘 정권이 들어선다. 즉 민주주의가 위기에 처할 때 종종 포퓰리즘 정권이 탄생하게 되고 더 퇴행적으로 이행하면 그것이 파시즘 체제에 이르게 된다는 것이다.

2018년 현재 28개 유럽연합 회원국 중 22개 국가들에서 포퓰리즘 정권이 승리하거나 약진했다.[13] 미국과 한국도 예외가 아니다. 공고화 단계에 있던 민주주의 국가들에서 속속 포퓰리즘 정권이 들어서거나 연정에 참여하게 되었다는 것이다. 혹은 그 약진으로 인해 집권당이 포퓰리즘 정당을 미러링하는 경우도 포함된다. 즉 포퓰리즘은 민주주의의 위기 상황에서 대두한다.

민주주의 이데올로기에 의하면, 파시즘 체제가 대중의 열광적인 환호를 받으며 등장했지만 대중을 파멸로 몰아간 반면, 민주주의야말로 서민층의 대중에게도 행복을 제공해주었다고 한다. 복지와 분배정책 등은 그런 이데올로기를 뒷받침하는 민주주의의 주요 성과에 속한다. 그러나 20세기 말부터 대중 사이에서 그런 이데올로기에 대한 의심과 비판이 확산되었다. 이렇게 20세기적 자유민주주의 이데올로기에 대한 믿음이 붕괴되는 현상을 '포스트트루스(post-truth. 이하 '탈진실') 현상'이라고 부른다. 그리고 이 현상은 믿음의 붕괴에 그치는 것이 아니라 새로운 믿음의 도래로도 이어진다. 그 믿음은 논리적이기보다는 감정적 공유에 가깝다.

20세기적 '트루스체제'는 엘리트 중심적이고, 그 담론은 그 시대의 가장 논리적으로 간주되는, 이른바 '진실들'이 조합된 체계를 통해 보충되었다. 반면 탈진실 현상을 주도한 이들은 지배적 질서에서 배제된 서민 대중이거나 그런 사회에서 미래를 도난당한 청년 대중이었다. 하여 탈진실 현상을 주도한 이들은 논리보다는 정서적 공감에

---

13) 김만권, 「'탈진실' 시대의 정치와 논쟁적 민주주의 모델」, 《철학》 147호 (2021.5), 147쪽.

더 치우쳤다. 그리고 탈진실 시대의 대중은 감정의 정치라고 할 수 있는 포퓰리즘에 경도되었다. 특히 21세기 포퓰리즘의 확산 현상을 주도한 것은 '우파 포퓰리즘'이다. 이 현상은 적에 대한 증오를 수반한다. 우리 내부에 유입되어 들어와 있는 적을 제거함으로써 위기를 돌파하는 체제가 도래한다는 주장과 연결된다. 그런 주장을 펴는 우파 그룹을 흔히 극우정치세력이라고 부르고, 많은 나라에서 그랬듯이 한국에서도 그들의 양상은 '올드'와 '뉴'로 나뉜다. 이들이 윤석열 정부를 만들어내지는 않았지만, 적어도 대선에서 승리하는 데 일익을 담당했음은 분명하다. 그리고 이 정권의 국내외 정치 이데올로기를 주도한 이들 중 다수는 이명박 정권 시절 정치에 참여하여 정책 경험을 해본 뉴라이트 인사들이었다. 여기서 우리가 걱정하는 것은 이 포퓰리즘 정부의 성공이 우리 사회를 다시 파시즘 체제로 이행하는 계기가 될 수 있을 것인가에 있다.

파시즘의 전사들, 서청 특수부대와 아조프부대

이 대목에서 과거를 되짚어볼 필요가 있다. 건국절 논쟁이 한국적 파시즘 체제로서의 '48년체제'의 부활을 꿈꾸었으니, 그 체제 출현의 초석을 만든 이들은 자신들이 꿈꾸었던, 하지만 겪어보지 못한 미지의 사회를 향해 어떤 활동을 기획하고 실행에 옮겼을까. 그리고 그것은 당시의 정세와 결합되면서 그들을 어떻게 주체화했고 훗날 어떻게 기억의 정치, 그 전당에 흔적을 새겨 놓게 되었을까. 여기서는

'48년체제' 출현 당시 가장 주목할 만한 극우단체의 하나였던 서북청년단에 주목해보겠다.

그들은 주로 평안도의 젊은 개신교도로서, 특히 부르주아 계층 출신이 많았으며, 일부는 상당한 수준의 고등교육을 받은 이들이었다. 탈북 당시 그들은 북한 출신자 중 가장 반공주의 성향이 강했을 것으로 보인다. 북한에서 헤게모니 경쟁에서 패배한 뒤 집중적인 정치보복의 대상이 되는 경험이 그런 이념 성향의 주된 이유였을 것이다. 나는 이것을 '체험된 반공주의'라는 용어로 규정한 바 있다.14)

탈북하여 남한사회에 정착하는 과정에서 그들의 반공주의 성향은 극도로 강화된다. 남한의 헤게모니 경쟁 과정에서 구축된 반공주의 플랫폼이 그들에게 정착의 기회를 주었기 때문이다. 그들은 서북청년단이라는 이름으로 이 플랫폼의 일원이 되었다. 반공주의적 복수심과 생존욕구를 동시에 해결해야 했던 그들에게 주어진 미션의 하나는 백색테러 활동에 참여하는 것이었다. 증오와 폭력을 퍼부을 대상이 지목되면 그들은 아낌없이 분노를 쏟아부었다. 그러면 일정한 보상이 주어졌다. 여기서 하나 더 주목할 것은 교회의 역할이다. 교회는 반공주의 플랫폼의 주요 구성원의 하나였다. 특히 탈북자 교회는 복수행위로 인해 피로 물든 탈북자 청년들의 심신을 아낌없이 위로해주었다.

처음엔 백색테러를 수행하는 돌격대로서 표적을 향해 폭력을 퍼붓는 자였다. 하지만 점차 그들에게 주어진 미션은 악의 진원에 한

---

14) 김진호, 「한국개신교의 친미성 그 식민지적 무의식에 대하여」, 《역사비평》 70호(2005년 봄).

걸음 더 가까이 다가가 '그 적'에게 누적되고 증폭된 증오를 쏟아붓는 것이었다. 1947년 남한의 강경 공산주의자들이 제도권 내의 경쟁을 포기하고 전면적 반정부투쟁에 돌입했을 때 서북청년단은 민병대로 진압군에 동참했다. 민병대는 정규군이나 경찰이 할 수 없는 탈법행위를 자행하는 데 거리낌이 없는 조직이 될 가능성이 매우 높다. 이런 활동은 그들로 하여금 점점 무차별한 대상을 향한 가해의 짜릿한 욕구에 중독되게 했다. 그리고 1948년 말, 새로 수립된 대한민국 정부의 경찰과 정규군에 배속된 특수부대로 제주에 파송된다. 경찰로 배속된 서북청년단원들의 제주 급파는 미군정 경무국장 조병옥의 지시에 의한 것으로 보인다. 미군정 보고서에 의하면 그들은 '임시경찰(temporary policemen)'의 신분으로 파견되었다. 한편 조선경비단 제3사단 소속 보병 18연대 산하의 특수부대(이하 '서청 특수부대')가 창설되었는데, 모두 서북청년단원으로 구성된 부대다. 처음엔 200여 명 정도였으니 중대급 규모다. 한데 이들은 정규군에 배속되었지만 군번도 계급도 없는 이상한 부대의 일원이었다. 해서 군대의 공식 기록에도 남겨지지 않는 부대였다. 정규군이기에 무기와 식량을 비롯한 각종 용품을 공식적으로 배급받았지만, '기록 없는 부대'였으니 활동은 거의 민병대처럼 규제받지 않는 폭력을 마음껏 휘두를 수 있는 기묘한 부대였다.

계엄령이 내려진 곳, 법의 규제가 중지된 곳, 해서 탈법적 살상이 훨씬 용이한 그곳으로 이 기묘한 부대는 진군하고 있었다. 그 과정에서 여순사건이 발생한다. 간도특설대 출신의 학살 기술자들의 무차별 살상을 보았고, 그 잔혹극에 참여한다. 그리고 그 잔혹극의 학

습은 제주에서 아낌없이 재현되었다.15)

서북지역에서, 그들이 개신교계 부르주아 청년이었을 때, 반공주의에 점차 사로잡히게 되었을 때, 그때부터 그들이 역사의 악마는 아니었다. 하지만 위에서 언급한 것처럼 북한에서의 피해의식은 그들을 '체험된 반공주의'적 적대감에 물들게 했다. 남한에서 이주민으로 생존해가는 과정에서 그들은 자신의 적대감을 공격성으로 표출하는 계기를 맞게 된다. 점점 더 그들의 폭력성은 강화되었는데 그것이 극대화된 제주에서의 폭력성은 여순지역에서 간도특설대 출신 장교들의 영향이었을 가능성이 크다. 나는 이러한 악마화 과정을 '수행적 반공주의(performative anti-communism)'라고 명명한 바 있다.16)

이 대목에서 우리는 우크라이나의 아조프부대를 떠올리게 된다. 동부 돈바스 지방에서 반러시아계 민병대 중 가장 잔인하고 가장 용맹했던 신나치주의 민병대인 아조프부대는 2014년 반공주의 성향이 강한 우크라이나 정부의 지원을 받는 국가방위군 소속의 특수부대로 인정되어 준정부군의 자격을 부여받는다. 이제 이 부대는 공식적으로 무기와 식량을 정부로부터 지원받게 되었다. 그 과정에서 부대 병력도 크게 증가했다. 처음엔 대대였는데 연대로, 다시 여단으로 확대 개편되었다. 이 부대의 준정규군화는 러시아의 침공 명분을 제공했다. 러시아계 우크라이나인에 대한 학대와 살상이, 대러시아를 꿈꾸는 푸틴의 정복욕을 자극한 것이다. 그 얼마 후 마리우폴 전

---

15) 제주에서 서청 특별부대의 활동에 대해서는 양봉철, 「제주4·3과 서북대대」, 《4·3과 역사》 8호(2008.12) 참조.

16) 김진호, 앞의 글 참조.

투에서 러시아의 막대한 공세에 이 부대는 완전히 사라졌다.

'서청 특수부대'는 보병 18연대 산하의 이상하게 돌출된 이물질 같은 부대였지만 점차 전체 연대의 특성을 형성하는 데 중요한 영향을 미쳤던 것으로 보인다. 강한 반공주의와 용맹함이 부대 전체의 특성이 되었고, 연대에서 여단, 사단으로 확대된다. 백골부대라는 이름의 이 부대는 한국전쟁에서 혁혁한 전공을 세웠다. 하지만 동시에 잔혹한 학살과 만행의 이력을 남기기도 했다. 그리고 흥남철수 과정에서 부대가 괴멸된 후 재편되어 오늘에 이르게 되었다. 애초의 서북출신자들이 많던 부대의 속성이 사라졌지만, 전투력에서는 여전히 강력한 부대로 남아 있다.

이렇게 아조프부대와 서청 특수부대는 유사점이 많다. 백색 테러 집단에서 민병대로, 그리고 정규군에 소속된 특수부대로 발전해갔다. 강한 반공주의와 누구도 범접할 수 없는 용맹함으로 유명하다. 하지만 동시에 민간인 학살의 전력도 갖고 있다. 그런 점에서 이 부대는 전쟁 범죄자의 죄목을 감당해야 했다. 그러나 그 참담한 기억은 반공주의적 영웅의 훈장으로 말끔히 세탁되었다. 아조프부대는 다시 부활할지 모르겠지만, 백골부대는 과거의 모든 흑역사를 지운 국가방위의 상징으로 남아 있다. 문제는 이 청산되지 못한 범죄의 기억은 언제곤 다른 이름으로, 다른 전사들의 조직으로 무장하면서 부활할 수 있다는 사실이다.

아조프부대가 바로 그것을 단적으로 보여준다.[17] 1930~1940년대

---

17) 이하의 내용은 구자정, 「악마와의 계약 우크라이나의 파시즘 운동, 1929~1945」, 《슬라브 연구》 31권 4호(2015)에 의존한 것이다.

우크라이나 서부, 특히 갈리치아(Galicia, 우크라이나식 명칭은 '할리치나') 지방은 동시대 독일이나 이탈리아보다도 더 극단적인 우파의 본거지였다. 식민제국인 오스트리아-헝가리제국이 몰락한 뒤 우크라이나를 동서로 분할통치했던 폴란드와 소련에 항거하는 저항조직 우크라이나 민족주의자(Organization of Ukrainian Nationalists. 이하 'OUN')는 테러리즘과 게릴라전을 통해 독립운동을 폈는데, 독일에 점령당한 이후 나치에 협력한 준정부군으로 편입되었고, 이때 그들의 살상극은 너무나 처참했다. 갈리치아 지방의 유대인 98%가 OUN에 의해 학살당했다. 또한 OUN을 주축으로 하는 우크라이나 반군(Ukrainian Insurgent Army. 러시아어 Ukrayins'ka povstans'ka armiya. 이하 'UPA')은 우크라이나 준정부군 자격으로 폴란드인을 향한 대대적인 인종청소를 감행했다. 그리고 불길한 예상한 예상은 늘 현실이 되어 다가왔다. 바로 많은 우크라이나의 교회[18]가 이들의 만행을 독려했고 정당화하는 데 기여했던 것이다.

한데 제2차 세계대전 이후 우크라이나가 소련 연방에 편입되고, 앞에서 본 것처럼 미국이 반파시즘에서 반공으로 국제정치의 핵심 어젠다를 전환시킨 이후 OUN과 UPA는 미국의 지원을 받아 반공주의

---

18) 갈리치아 지방 못지않은 학살터인 볼히니아 지방의 제노사이드를 다룬 〈끝까지 살아남아라: 제2차 세계대전〉(2016, 원제 〈증오〉)은 그 사건을 다룬, 같은 제목의 영상 기록물 〈증오(Nienawiść)〉에 기초해서 사실을 가능한 한 직설적으로 재현하려는 특별한 노력이 담긴 극영화인데, 여기에는 우크라이나의 그리스정교회 성직자들의 두 가지 모습이 적나라하게 드러나고 있다. 어떤 성직자들은 폴란드인들이 과거에 자신들을 지배하고 수탈했음에도 나치의 침공에 의해 어려운 처지에 놓이게 되었으니 환대해 이웃으로 받아들이자고 주장했지만, 다른 이들은 저들을 괴멸시키는 것이 신의 뜻이라고, 증오와 분노를 쏟아내고 있다.

항쟁을 벌이다 괴멸되었지만, 그들의 상당수는 유럽과 미국으로 망명하였다. 아이러니하게도 파시즘 국가들과의 전쟁에서 승리한 미국 등, 자유민주주의 진영의 국가들은 전쟁 당시 파시즘 진영의 일원으로 전쟁범죄를 저지른 이들에게 반공의 전사로 살아갈 기회를 제공해주었다. 특히 그들 중 미국과 유럽으로 망명한 엘리트들은 연구자로 살아갈 기회를 얻었다. 하여 미국의 유수 대학들의 교수가 된 이들이 적잖았고, 그들은 자유민주주의 진영의 우크라이나 담론을 형성하는 데 지대한 역할을 하게 된다. 말했듯이, 이런 과정은 우크라이나의 전쟁 범죄자들을 반공의 영웅으로 변신하게 했다.

21세기에 부활한 그들의 후예들, 네오파시즘 체제를 꿈꾸다

그리고 21세기에 서방 중심주의적이고 반공주의적인 이 우크라이나 담론은 그 나라에서 일어난 두 차례 시민혁명의 기폭제 역할을 하였다. 2004년의 '오렌지혁명', 그리고 2013년의 '유로마이단'은 우크라이나를 소련 연방국가였던 시절에 구축된 사회주의적 체제를 친미·친나토적인 사회로, 특히 반공주의 성향이 강한 사회로 탈바꿈하는 결정적 계기가 되었다. 이런 상황에서 포퓰리즘적인 반공정권이 등장했을 때 우크라이나의 반공주의는, 이번에는 동부지역에서 극우주의 현상을 부추겼다. 무엇보다도 20세기 전반부에 우크라이나 서부의 OUN과 UPA의 극우주의 전통이 21세기에는 동부의 아조프부대로 환생했다.

오렌지혁명과 유로마이단은 그 기억의 훌륭한 중계자인 셈이 되었다. '혁명'이라는 명칭은 이 두 사건이 체제의 경로를 전환시키는 중대한 계기가 되었다는 것을 뜻한다. 한데 '혁명' 앞에 '시민'이라는 명칭이 덧붙여 있다. 그것은 이 전환점이 폭력과 파괴, 살상으로 점철된 사건이 아니라 상대적으로 평화적이고 비폭력적인 민의 저항의 산물이라는 것을 시사한다. 그런 점에서 21세기 우크라이나에서 일어난 시민혁명은 숭고한 역사의 기억으로 남겨질 일이다. 문제는 모든 역사적 계기가, 비록 전 세계로부터 정당성을 인정받았다고 할지라도, 이어지는 불온한 사건의 연결고리가 될 수 있다는 점에 있다. 바로 그것이 아조프부대로 나타났다. 아이러니하게도 OUN과 UPA의 전쟁범죄는 시민혁명에 의해 청산되거나 성찰되지 않았고, 그 결과 또 다른 전쟁범죄의 주역이 역사의 무대로 올라서게 되었다.

여기에는 성찰과 청산에 실패한 우크라이나인의 책임만 있는 것은 아니다. 아니 그보다는 서구제국, 특히 반공주의적 전선으로 작위적으로 만들어낸 미국 패권주의의 문제가 도사리고 있다. 일찍이 한나 아렌트는 "그들은 어떠한 사실도 어떠한 정보도 필요로 하지 않았다. 그들에겐 '이론'이 있었고 적합하지 않은 모든 데이터는 부정하거나 무시했다"고, 미국의 반공주의적 관료들의 이데올로기가 어떻게 진실을 성찰하지 못하게 만들었는지를 신랄하게 지적한 바 있다.19) 이런 방식으로 반공주의 이데올로기가 만들어졌고, 그 이데

---

19) 김만권, 「'탈진실' 시대의 정치와 논쟁적 민주주의 모델」, 《철학》 147호 (2021.5)에서 재인용. 여기 실린 한나 아렌트의 저서는 『공화국의 위기: 정치에서의 거짓말·시민불복종·폭력론』(김선욱 옮김, 한길사, 2011)이다.

올로기를 위해 동원된 모든 기록은 그 맥락을 모조리 리세팅해버렸다. 그러니 전쟁 범죄자가 자신의 죄를 사과하지도 성찰하지도 않은 채 영웅적 전사로 탈바꿈하는 일은 그들 자신의 자기 속임의 산물만은 아니다. 거기에는 헤게모니적 패권을 둘러싼 이데올로기적 탈진실의 정치학이 개입되어 있다. 그리고 그것은 종종 국제정치적 이데올로기와 얽혀 있다.

성공하지 못할 기획, 그러나 남은 위험들

한국의 극우주의적 포퓰리즘 정부는 미국의 바이든 정부가 서둘러 던진 섣부른 신냉전의 어젠다를 냉큼 한입에 받아먹었다. 해서 그 서툰 정치 탓에 이 정부는 대중의 기대를 배신한 셈이 되고 있다. 결국 그 서툶 덕에 '48년체제'를 재현하고자 했던 네오파시즘적 기획은 물거품이 될 가능성이 크다.

전문적 정책 기획자인 애치슨이 고안해낸 냉전의 기획은 20세기 중반, 미국에게 세계의 헤게모니국가로서 확고한 지위를 안겨주었을 뿐 아니라 막대한 경제적 성공도 이룩하게 했다. 그땐 소련을 봉쇄하는 것이 냉전 어젠다의 실제적인 목표였다.

2021년 미국 대통령이 된 바이든(Joe Biden)은 중국을 봉쇄하고자 신냉전의 어젠다를 세계에 던졌다. 아이러니하게도 러시아가 일으킨 우크라이나 전쟁이 중국 봉쇄의 직접적 계기였다. 미국정부 자신도 그것이 억지스러웠는지 중국의 대만 침공설을 유포했다. 하지만 이

외교 달인의 기획이 이번엔 좀 어설펐다.

과거 중국을 시장경제에 포섭시킨 외교계의 구미호 헨리 키신저(Henry Alfred Kissinger)의 기획은 중국이 소련과 경제 공동체로 엮이지 못하게 하려는 것이었다. 한데 엄청난 인구의 중국시장이 열리자 세계화는 급진전되었다. 무엇보다도 글로벌 가치사슬이 세계를 하나의 경제 공동체로 엮는 데 지대한 역할을 했다. 중국은 그 지구적 경제체제의 핵심고리였다. 한데 이렇게 세계화가 빠르게 진행되자 중국은 전대미문의 급성장을 이룩했고 미국이 거의 따라잡힐 만큼 양국 사이의 경제적 생산 총량이 근접해졌다. 섣부르게도 바이든 정부는 그런 중국을 견제하기 위해 세계화를 과격하게 후퇴시키는 전략을 세웠다. 마침 리쇼어링 현상[20]이 두드러지고 있어 세계화 퇴조의 조짐을 보였던 차라, 얼핏 괜찮은 기획처럼 보였다. 그것이 신냉전 프로젝트다.

하지만 세계화의 후퇴로 인해 미국이 받은 손실은, 가뜩이나 심각한 양극화 사회의 하위계층에게 가중 체감되었다. 결국 재선의 위기에 놓인 바이든 정부는 신냉전 계획이 거의 너덜너덜해질 정도로 정책적 후퇴를 거듭하고 있다. 그러나 이미 시작된 고통의 비대칭적 체감 현상은 감소하지 않고 있다.

사실 세계화는 엄청난 경제적 초과이윤을 발생시켰지만, 그것이

---

[20] 생산원가를 최소화하기 위해 해외의 최적지로 떠나갔던 생산공장이 자국으로 회귀하는 현상으로, 2022년 5월에 열린 세계경제포럼(Davosforum)에서는 리쇼어링 현상이 현저하게 진행되고 있는 현재의 세계경제 양상이 구조적이라는 점에서 세계화 시대의 종식에 관해 논의한 바 있다.

잘 분배되지 않고 극소수에게 과하게 집중되었다. 양극화는 너무나 심각해져서 불평등 지수는 끝없이 강화되고 있다. 게다가 세계화 과정에서 정부의 복지와 분배 기능은 후퇴를 거듭했다. 그럼에도 세계화가 장밋빛 희망의 질서인 듯 포장하는 담론이, 마치 크리스마스를 축하하는 교회 종소리가 세계를 구원하게 하는 소식이라는 허황된 가짜뉴스처럼, 세계 구석구석을 향해 널리 울려 퍼졌다. 그것을 총칭하는 포괄적 용어가 '자기계발담론'이다. 누구에게나 성공의 기회는 열려 있고, 그 기회를 누리는 자기계발의 비법들에 관한 담론이다. 반대로 실패한 이들은 그 기회를 활용하지 못한 탓에 실패한 것이라는 얘기가 부록으로 딸려 있다.

교회도 이런 신자유주의 열차에 올라탔다. 성공을 향해 달리는 것을 신앙이라고 포장했고, 실패는 신실하지 못한 신앙 탓이라고 지적하는 담론과 제도가 교회를 둘러싸고 있다.

이런 담론은 성공과 실패를 모두 개인의 문제로 환원시킨다. 그것은 실패자를 위한 사회적 보호에 게으른 국가들을 낳았다. 또 교회도 '작은 이들'을 위한 복음 활동에 게을러졌다.

세계화의 퇴조는 바로 이런 양극화가 한계에 도달했다는 사실과 무관하지 않다. 많은 사람은 이제 국가와 교회, 지식사회가 주장하는 신자유주의적 세계화의 유토피즘적 메시지를 믿지 않는다. 물론 아직 누구도 대안적 서사를 만들어내지 못했다. 해서 당장은 지배담론에 저항하는 대중의 언어 양식은 불신과 불만이었다. 일부 지식사회와 매스미디어는 이런 사회적 현상을 '탈진실 현상'이라고 불렀다. 한데 그런 불신과 불만의 틈에 끼어든 이들이 있다. 가령 개신교 계열의 몇몇 메시아주의적 신종교 분파가 그렇다. 그리고 포퓰리즘 정치가들도 그런 틈을 활용한 자들이다. 양자의 공통점은 '적'에 대한 증오를 부추긴다는 데 있다. 그 적을 찾아내고 그들에게 공격을 가하는 것이 그들의 주장의 골자다.

극우주의 정치세력 혹은 종말론적 신종교 분파는 이렇게 오늘의 시대에 위기의 수렁에 빠져버린 대중, 그들의 곪아 터진 상처 속으로 파고들어간다. 하여 대중을 자신들의 동조자로 만듦으로써 정치적, 종교적 자원을 크게 확장한 자들이 바로 그들이다. 한데 이런 극우주의 혹은 종말론적 신흥 분파의 전위대로 나선 전사들이 있다. 이 글이 주목한 행동주의적 극우파인 서북청년단이나 아조프부대가 그런 자들이다. 그들은 언제나 과잉폭력의 주범이었다.

한데 여기에 하나 더 살펴보아야 하는 것이 있다. 과잉폭력을 자행하는 전위적 행동대들이 스스로를 성찰하지 못하게 하고 심지어 그런 행동을 스스로 영웅시하게 하는 담론이 그 사회의 기억의 전당 속에 간직되어 있다는 사실이다. 그것은 언제든 기회만 닿으면 세상으로 뛰쳐나와, 극우의 전위대들에게, 나아가 더 많은 대중에게 경험해보지도 꿈꿔보지도 못한 파시즘적 세상을 향한 확신에 차서 날선 칼날을 잔인하게 휘두르도록 독려한다. 오늘의 네오파시스트들에게 원조파시스트들의 영웅서사가 그런 역할을 한다. 제국주의적 패권 갈등의 산물로 형성된 특정한 이데올로기 때문에 저 원조들의 범죄 기록들이 영웅의 기록으로 변조된 영웅서사는 네오파시스트들이 성찰 없는 증오 정치의 전사로 나서게끔 하는 강렬한 유혹이다.

하여 민중신학은 오늘의 세계 속에서 위기의 대중이 겪어내고 있는 고통의 이야기를 청취하고 번안해내는 일을 게을리할 수 없다. 포퓰리즘적 파시스트들과 담론 투쟁이 필요하기 때문이다. 또한 파시스트적 혹은 종말론적 신종교 분파에 포섭되는 대중을 국가나 교회, 그리고 시민사회가 타자화하지 않게 해야 하기 때문이다.

04

극우주의 시대, 살림정치의 가능성

2024년 4·10총선 국면에 즈음해서

기억전쟁

〈건국전쟁〉이 개봉된 지 한 달도 안 되어서 관객이 100만 명을 넘어섰다고 한다. 다큐멘터리 영화로선 대단히 이례적이다. 더욱 놀라운 것은 빅데이터 분석 결과다. 이 영화에 대한 관심도가 급증한 시기는 2월 두 번째 주가 끝날 무렵인 설 연휴 때부터인데, 키워드 검색량과 구글 트랜드 점수를 합산한 2월 3주차 트랜드 지수에서 극영화들을 제치고 1위에 올랐다.

이런 양상은 적지 않은 사람들에게 불길한 기시감을 불러일으켰다. 2003년 무렵 미국의 몇몇 한인교회 사이에서 공격적 선교의 퍼포먼스로 시작된 '성시화(聖市化) 운동(Holy City Movement)'이 그 몇 년 후 대대적인 선거 캠페인으로 탈바꿈하면서, 전무후무한 대규모의 개신교 선거연합을 견인해낸 것이다. 성시화운동과 〈건국전쟁〉은 '기독교국가'[1] 코드를 함축했다는 점에서 다양한 개신교 신자들을 보수주의적이고 반공주의적인 정치연합으로 결속시키는 데 적합하다.

하지만 국제정치적 질서라는 차원에서 양자는 충분히 공유될 수 없는 지향점을 갖고 있다. 성시화운동은 자본주의적 세계화와 좀 더 친화적이다. '자본의 운동을 방해하는 어떤 국경도 없다'는 자본의 세계화 논리와 '복음의 확산을 가로막는 어떤 국경도 넘어서야 한다'는 복음의 세계화 논리는 서로 잘 부합하기 때문이다. 실제로 성시화운동이 활발하게 전개되던 시기는 세계화가 절정기를 구가하던 때였다.

반면 〈건국전쟁〉은 냉전체제와 강하게 링크되어 있는 담론이다. 세계화는 중국의 개혁·개방의 직접적 산물이다. 세계화의 성공은 글로벌 가치사슬의 효율성이 극대화됨으로써 실현될 수 있는 체계인데, 중국이 이러한 자본운동에 개입함으로써 가능하게 된 것이다. 한데 2010년대 이후 미국의 워싱턴 정계에는 '중국봉쇄'라는 새로운 국제정치적 컨센서스가 자리 잡고 있었다. 오바마 정부는 '아·태지

---

1) 표현 그대로 기독교적 가치에 의해 구현되는 국가를 말하는데, 이 개념의 선구자는 아마도 이승만일 것이다. 한성감옥에 투옥되어 있던 1903년, 20대 말의 이승만은 《신학월보》에 기고한 글에서 기독교국가 건설론을 제창하였다. 훗날 대한민국의 초대 대통령이 된 70대의 이승만은 자신의 기독교국가론에 기반을 둔 국가를 만들고자 했다. 한데 20대 이승만에 비해 70대 이승만의 기독교 국가론은 강성 반공주의가 핵심을 이룬다는 점에서 뚜렷한 차이를 보인다. 한편 건국 당시 또 한 명의 기독교 국가론을 대표하는 인물이 한경직이다. 그도 역시 반공국가 건설이라는 점에서 70대의 이승만과 유사하다. 그런데 이 시기 기독교국가론자들이 모두 반공주의에 치우쳐 있는 것은 아니었다. 한국 현대신학의 선구자이자 《사상계》를 이끌던 계몽적 지식인의 하나인 김재준은 포용과 공존의 기독교 국가를 주장했다. 하지만 김재준의 기독교 국가론은 한국개신교의 기독교 국가론으로 거의 계승되지 못했다. 요컨대 한국개신교 정치세력화의 핵심 키워드로서의 '기독교 국가론'은 반공주의가 강하게 링크된, 이승만-한경직 식의 정치신학 담론에 국한된 것이다.

역 재균형정책(rebalancing policy)'을 통해서, 트럼프 정부는 '인도-태평양 전략(Indo-Pacific Strategy)'과 사실상의 안보동맹체로서의 '쿼드(Quad)' 결성, 그리고 바이든 정부는 자본주의적 가치동맹의 맥락에서 동아시아 삼각안보동맹(East Asian Triangle Security Alliance) 결성을 추진함으로써 중국을 배제(decoupling)하는 세계화를 도모하고자 했다. 그러나 일본국제무역진흥회의 고위관료(head of the business department of the Japan Association for the Promotion of International Trade)인 이즈미카와 유키(泉川幸樹)의 말처럼 '중국 없는 세계화는 세계화가 아니다.'2)

〈건국전쟁〉의 주인공 이승만은, 제2차 세계대전 이후의 국제질서를 '반파시즘'에서 '반공주의'로 전환시키는 냉전적 국제질서를 만들어내고자 했던 미국 대통령 트루먼과 그러한 냉전적 체계의 설계자인 국무장관 딘 애치슨(Dean Acheson)의 지지를 받아냄으로써 남한의 건국을 주도한 인물이다. 그런 점에서, 바이든의 '신냉전 정책'에 대해 전 세계에서 가장 열렬히 반응하는 윤석열 정부와 친화적인 기조를 내포하는 다큐멘터리 영화 〈건국전쟁〉은 바로 냉전체제를 옹호하는 기억전쟁의 문화적 첨병인 셈이다.

폭풍같이 휘몰아치던 세계화의 기세가 2010년대 이후 빠르게 꺾이기 시작했다. 팽창일로에 있던 글로벌 가치사슬은 '국적 없는 공장의 현지화(localization in manufacturing without nationality)' 전략으로서 '오프쇼어링(off-shoring)' 시스템의 일반화 현상을 통해 작동된 것이다. 한데 2010년

---

2) "Globalization without China is not globalization, says Japanese trade expert", *Xinhua*(2022.8.17)(https://english.news.cn/20220817/c6903a19ad574b80b46a 710640c5d832/c.html).

대에 이르면서 공장들이 다시 자국으로 돌아오는 리쇼어링 현상이 가속화되기 시작했다. 즉 '공장의 재국적화(renationalization in manufacturing)' 현상을 통해 세계화의 질서는 크게 약화되고 있었다.

코로나 팬데믹 사태는 이러한 세계화 해체 양상을 더욱 본격화했다. 2018년 이후 폭발적으로 일어난 코로나바이러스의 대대적인 침공이 박쥐의 서식지를 파괴하면서까지 공장을 마구잡이로 지어대던 오프쇼어링 현상이 초래한 재앙이라는 비판이 거세졌던 것이다. 또 2022년 러시아의 우크라이나 침공 사태를 계기로 확산된 반러, 반중의 국제여론을 등에 업고 미국은 신냉전적 갈라치기 전략을 추진했다. 하여 세계화의 첨병역할을 해오던 'G20체제'가 2022년 발리 회의에서 세계화 정책에 반하는 바이든식 '자유주의 가치동맹'에 손을 들어주었다.

바야흐로 세계는 포스트세계화 시대를 도모해야 하는 상황에 직면했다. 세계화의 질서가 당장 붕괴되는 것은 아니겠지만, 이제 본격적인 대안을 모색해야 하는 때가 시작된 것이다. 그런 양상의 하나로 부상한, 다분히 퇴행적인 포스트세계화 전략이, 바이든이 얼떨결에 주장한 이른바 '신냉전 프로젝트'다.[3] 이런 퇴행적 프로젝트에 가장 열렬히 반응한 나라가 바로 윤석열 정부의 대한민국과 (아베-) 기시다 정부[4]의 일본임은 익히 알려진 바다.

---

3) 실제로 바이든 정부는 신냉전 체제의 동맹론에 부합하는 '프랜드쇼어링', 오 펙(OPEC)을 대체하는 새로운 자원동맹(New Resource alliance), 반도체동맹(Chip 4 Alliance) 같은 동맹우선주의적 구호를 외치면서도 동맹에 반하는 자국우선주의적 정책을 남발했다. 또 집권 3년차인 2023년부터는 중국 봉쇄주의 기조의 후퇴를 시사하는 정책적 전환의 양상을 뚜렷이 보이고 있다.

한데 한국과 일본에서 이러한 신냉전주의적 동맹론을 주도하는 이들은 정권 내부의 극우분파들이다. 그리고 〈건국전쟁〉은 일본의 극우파와 국제정치적 안목과 조율하면서 성장해온 한국의 극우 분파(old & new rights)의 담론적 생산물이었고, 이에 열렬히 호응하는 이들도 바로 그런 담론에 열광했던 대중이었다. 주로 이 다큐멘터리 영화의 주요 관객인 '50대 이상의 남성'이 그런 이들에 속한다. 한편 또 다른 극우 분파의 세대적 모집단이던 '20·30남성'은 이 영화에 그다지 적극적으로 호응하지 않은 것으로 보인다. 아무튼 극우주의적 세대민감성을 부추기는 데 있어 절반만의 성공을 거두었던 이 영화는 '87년체제'의 한계가 역력해진 2020년대로 '48년체제'를 소환하면서 '기억전쟁'을 벌이고 있었다.

주목할 것은 〈건국전쟁〉의 주인공 이승만은 한국개신교의 보수주의적 정치연합을 이끌어내는 데 유효한 키워드의 하나라는 점이다. 그는, 성시화운동의 주인공인 이명박처럼, 개신교 장로였고 노골적인 개신교 우선주의적 정치를 구사한 인물이다. 요컨대 그는 개신교의 보수주의적 정치세력화가 도모되는 곳에서 거의 언제나 울려 퍼지는 '기독교국가론'을 상징하는 인물이다. 한데 여기서 주지할 것은,

---

4) 현재 일본의 자민당 판세는 아베파(97명), 모테기파(54명), 아소파(51명), 니카이파(43명), 기시다파(43명)로 구성되어 있다. 이들 5개 파벌이 자민당에서 차지하는 의원의 비율은 76%에 달하는데, 아베가 사망했음에도 최대 파벌인 아베파는 25%를 상회하고 있고, 기시다파는 아베파의 절반도 되지 못한다. 실제로 기시다가 총리가 될 수 있었던 것도 아베파의 전략적 지지에 기반을 두었다. 해서 일본의 현 정부를 '(아베-)기시다 정부'라고 해도 그리 무리한 표현이 아니다. 최은미, 「기시다 총리 취임 1년, 흔들리는 리더십: 향후 일본정치와 한일관계」(아산정책연구원 이슈브리프, 2022.11.3).

한국개신교 내에서 이명박은 (신)자유주의적인 실용적 보수와 뉴라이트적인 냉전적 보수의 코드가 뒤얽힌, 명실상부 보수주의적 개신교의 정치연합의 상징이 되었던 반면,5) 이승만은 (자유민주주의보다는) 냉전적인 극우주의적 보수의 코드에 국한된 개신교 정치연합의 상징으로 기억되고 있다는 점이다. 하여 극우주의적 기독교국가론과 연결된 기억전쟁의 키워드가 바로 이승만이다. 그렇다면 과연 오늘의 개신교는 그런 정치연합에 얼마나 적극적으로 가담할 것인가.

조용한 개신교

선거 때만 되면, 정치연합이 대대적으로 형성되든 않든, 개신교 각 분파는 도처에서 '지지선언' 형식의 정치 캠페인을 벌이곤 했다. 이와 함께 하부단위의 선거활동 기구가 만들어졌다. 성시화운동 때는 거의 전 세계적으로 성시화 선언이 있었고 곳곳에 성시화운동본부가 결성되어 선거운동을 조직화했다. 보수파만 그런 것은 아니다. 개신교 진보세력도, 비록 상대적으로 규모에서나 자본 능력에서 현저히 열세지만, 비슷한 방식으로 선거연합을 도모했다.

---

5) 집권 3년차 되던 해에 천안함 사건이 벌어진 이후 이명박 대통령 주변에는 실용적 보수주의가 밀려나고 본격적으로 밀려나고 뉴라이트 성향의 보수파들이 중용되었다. 집권 초기부터 이 두 분파 간의 갈등이 있었지만, 천안함 사건은 그 세력 균형이 명확하게 기울어지는 계기가 되었다. 하지만 적어도 대선 국면에서 이명박은 두 유형의 보수주의를 아우르는 거대선거연합의 중심 역할을 하였다.

한데 놀랍게도 2024년 4·10총선 국면에선 선거일이 눈앞에 다가왔음에도 개신교의 정치적 풍경은 의외로 조용했다. 지지선언과 선거운동기구 등이 만들어지기도 하지만 참여의 열기가 현저히 저조하다. 〈건국전쟁〉의 경우도, 많은 레거시미디어와 뉴미디어들은 대체로 교회 혹은 개신교 기구들이 주도한 단체관람이나 페이백 이벤트를 성공의 주된 이유의 하나로 들었다. 하지만 그런 해석을 입증할 만한 사례들이 별로 발견되지 않았다. 또 확인된 사례들도 그 규모가 생각보다 크지 않다. 즉 이 영화의 성공에 개신교의 대대적인 조직적 호응이라는 주장은 근거가 빈약한, 확증편향에 따른 과장된 해석으로 보인다.

한국의 시민사회에서 이승만에 대한 평가는 매우 부정적이다. 2021년 한국정책과학원의 의뢰로 리얼미터가 실시한 역대 대통령 호감도 조사에서 이승만의 호감도는 1.8%로, 그 직전 탄핵당한 박근혜보다도(2.7%) 낮았다.[6] 흥미롭게도 1.8%를 인구대비로 환산하면 93만 명을 조금 상회한다. 그렇다면 100만 명이 이 다큐멘터리를 관람했다는 것은 호감도 비율을 아주 약간만 확장한 수준에 지나지 않다. 윤석열 정부에 비정상적으로 호의적인 매스미디어가 호들갑스럽게 이 영화를 홍보해준 것이 호감도 수준을 아주 조금 넘치는 관객을 불러모은 비결이 아닐까 추정된다.

개신교 신자들도 이 점에서 그리 달랐을 것 같지 않다. 지난 몇 년간 기독교사회문제연구원이 실시한 조사에 의하면 개신교 신자들과 비신자 사이의 사회인식은 대부분 오차범위 내에 있었다. 이는

6) https://www.yna.co.kr/view/GYH20211111001200044.

신자 대중의 사회인식 형성에 개신교 공론장이 미치는 영향력이 매우 제한적이라는 것을 뜻할 것이다. 이것은 비단 이승만을 퇴출시킨 '4·19 이후'의 평가만은 아닐 수 있다. 해방 직후 다분히 긴밀한 협력관계에 있었을 것으로 보이는 이승만과 한경직의 관계는 1950년대 후반에 이르면 서로 냉랭해졌다.[7] 게다가 개신교 신자에게도 부정 평가가 지나치게 높은 전광훈이나 윤석열이 이승만을 오늘에 소환하려는 기억전쟁을 주도하고 있다는 점은, 많은 교회가 이 영화를 교인들에게 권할 수 없는 이유가 되었을 수 있다.

하지만 '조용한 개신교' 현상에 대해 이런 설명만으로 충분하지 않다. 좀 더 구조적인 분석이 요청된다. 여기서는 2000년대 어간 이후에 국한해서 이야기해보겠다.

먼저 언급할 것은 이 시기 개신교의 성장세가 거의 멈추었다는 점이다. 새 신자의 유입이 현저히 줄었다. 하지만 주목할 것은 이 시기에도 초고속 성장을 이룩해 대형교회 대열에 들어선 교회들이 러시를 이루었다는 사실이다. 대성장기인 1980년대 어간처럼 말이다. 하지만 1980년대 전후와 2000년대 전후의 대형교회 출현 러시 현상 사이에는 중요한 차이가 있다. 전자는 시골에서 이농한 이들이 대대적으로 교회에 유입된 결과와 밀접히 연관된다. 반면 후자는 떠돌이 신자들의 재정착과 더 관련이 깊다. 또 전자가 전국 대도시들에 산개되어 나타난 현상이라면, 후자는 강남권(강남, 강동, 분당 등)에 집중되어 있다. 그리고 전자의 경우 새 신자들은 가난한 저학력층 출신이 유난히 많았다. 그런데 후자에는 고학력 중상위계층의 떠돌이 신

---

7) 윤정란, 『한국전쟁과 기독교』(한울아카데미, 2021), 279쪽.

자들이 대대적으로 재정착한 교회들이 큰 성공을 이룩했다는 점이 주목된다. 나는 최근의 저작8)에서 2000년대 어간의 대형교회 현상은 외환위기 이후 신자유주의적 세계화 현상과 밀접한 관련이 있음을 주장한 바 있다.

여기서 주목할 현상은 신자유주의적 세계화 체제로의 전환에서 좀 더 성공한 계층이 교회를 떠나 떠돌이 신자가 되는 경우가 많았고, 이런 떠돌이 신자들이 강남권의 몇몇 교회들에 몰려드는 현상이 일어났다. 그런 신자들의 세속적 욕망을 신앙적 성공과 잘 조율한 교회들이 대형화에 성공했다. 한편 이런 교회에 모여든 이들은 유리한 사회적 연줄망의 기회를 더 많이 누렸다. 또 결혼시장과 교육시장의 비대칭적 발전과도 연계되었다. 실제로 외환위기 이후 한국사회는 사회적 연줄망의 규정력이 급격히 증가하는 방향으로 전개되었고, 그런 연줄망 형성에 교회만큼 유리한 장소는 없다고 해도 과언이 아니다. 실제로 2000년대 초 한국사회의 파워엘리트 조사에서 개신교 신자의 비율이 전체 파워엘리트의 40%를 상회하였는데, 이는 인구대비 개신교 신자 비율의 두 배를 넘는 수준이다.

반면 다른 교회들은 절망적 위기 상황에 놓여야 했다. 새 신자의 유입은 거의 없는데, 기존 신자들 특히 신자유주의 사회에서 제법 경쟁력이 있는 이들 상당수가 교회를 떠나 떠돌이 신자가 되었다. 신자유주의적인 성공 욕구가 사회 전체를 휩싸고 있던 시대였다. 이런 상황에서 성공을 열망하지만 그 대열에 들어서지 못한 교회들 사이에서 성공한 신흥 교회들을 모델링하는 교회성장론이 물결쳤다.

---

8) 김진호, 『대형교회와 웰빙보수주의: 새로운 우파의 탄생』(오월의봄, 2020) 참조.

그런데 성장론을 열렬히 공부하고 모방했음에도 결실은 미미했다. 왜냐면 그것은 성공한 교회들의 사후적 영웅담으로 서사화된 것이지 체계적인 분석의 결과물이 아니기 때문이다. 1980년대 펜실베이니아대학의 와튼스쿨에서 발전하기 시작한 이른바 신경영 패러다임(new management paradigm)을 모방하고자 했던 수많은 제3세계권 기업들과 중소형 기업들의 실패에 대한 연구들에 의하면 인적·물적 자원의 지원체계가 잘 갖추어지지 않는 현실에 대한 지적이 많이 제기된 바 있다.9) 마찬가지로 부가가치가 급상승하는 지역의 중상위 엘리트계층의 유입이 일으킨 사회적 자본효과(social capital effects)에 대한 고려가 생략된 교회들의 성공서사는 신화에 다름 아니다. 결국 2010년대에 이르면 이러한 모방은 열패감을 강화했다.

바로 이 점과 연계시켜 보아야 하는 것은 2000년대를 전후로 하는 한국사회의 정치지형에서 보수주의가 진보주의를 더는 압도할 수 없게 되었다는 사실이다. 즉 2000년대 초부터 정치적 열패감에 시달리던 보수주의자들은 2010년대에 이르면 사회적 열패감에도 짓눌리게 되었다는 것이다. 이런 열패감이 만연하게 된 현상과 한국개신교의 기독교국가론의 퇴행화 현상 사이에는 어떤 연관성이 있지 않을까. 여기서 기독교국가론의 퇴행화 현상이라고 함은 이승만적 기독교국가론으로의 환원운동, 즉 극우주의의 활성화를 의미한다. 〈건국전쟁〉은 그런 담론운동의 한 양상이라고 할 수 있다. 사회심

---

9) 이석환, 「변화·혁신에 대한 긍정적 사고와 영향 요인에 대한 경험적 연구: 조직성과 향상을 위한 성과관리 관점에서의 제언」, 《한국사회와 행정연구》 19권 2호(2008.8) 참조.

리학자 로이 바우마이스터(Roy F. Baumeister) 등[10]은 사회적 배제의 좌절감이 타자에 대한 공격성을 강화할 수 있다고 주장한 바 있다. 한국에서도 사회적 배제와 열패감이 확산되는 상황에서 그런 이들의 일부가 증오를 통해 좌절감에서 탈출하려는 행보를 보였다. 바로 극우주의의 출현은 이런 상황과 관련이 있다.

개신교에서도 그랬다. 아니, 개신교는 이 시기 한국사회의 극우주의 활성화의 중심 역할을 했다. 바로 이런 맥락에서 급부상한 인물이 전광훈이다.[11] 개신교의 흐름을 주도하는 교회들은, 말했듯이, 세계화로의 체제 전환 과정에서 상대적으로 성공한 이들이 대거 모여들면서 대형화된 교회들이다. 또 성공하지 못한 많은 교회들은 성공한 교회들을 모방하는 데 열을 올렸다. 이런 흐름 속에서 좌절감에 빠져든 목사들과 신자들이 그 대열에서 이탈하기 시작했고, 그런 이들이 하나둘씩 전광훈 중심으로 모여들었다. 나아가 개신교 신자가 아닌 이들도 그 대열에 끼어들었다. 개신교계의 비주류 인사였던 전광훈은 이렇게 범사회적인 극우의 상징이 되었다.

한데 그를 중심으로 모여든 이들의 공간은 교회가 아니라 '아스팔트'였다. 전광훈은 이런 '광장형 집회'에 최적화된 인물이다. 집회는

---

10) 황선영·이유경·김순은 「사회적 통합 관점에서 본 사회적 배제가 인지적 사회자본에 미치는 영향 연구: 세대 간 조절효과를 중심으로」, 《한국자치행정학보》 33권 2호(2019.6), 36쪽 참조.

11) 그는 개신교계의 극우 활동가로서 1990년대 후반부터 맹활약을 했음에도 그의 역할이 교계와 보수우파 성향의 시민사회로부터 주목받기 시작한 것은 2016년 어간부터이며, 2020년 한국교회 관련 빅데이터 분석에서 4대 이슈의 하나로 꼽혔고, 2023년에는 일반 언론이 주목한 한국교회 3인의 하나로 꼽혔다.

명확한 중심이 있다. 스피커의 볼륨을 최대로 올린 마이크를 통해 그는 강렬한 메시지를 쏟아낸다. 적을 향한 욕설과 모욕적 발언, 혐오의 표현을 남발한다. 소란스러운 악기는 그의 거친 발언을 더욱 증폭시키는 보조장치에 다름 아니다. 청중은 중심에서 울려 퍼지는 거친 말에 환호하는 자의 역할을 맡는다. 광장형 집회는 이런 모습이다.

이 광장형 집회에 모여든 대중 가운데는 교회라는 종교의 장, 그리고 시민사회라는 사회의 장에 잘 통합되지 못한 소외된 이들이 넘쳐났다.[12] 위에서 인용한 로이 바우마이스터 등의 연구에 따르면 사회적 통합의 체계가 잘 작동하지 않는 장에서는 사회적 신뢰와 호혜성이 감소하고 그 자리에 분노와 증오가 폭발적으로 분출하곤 한다. 그런 분노와 증오를 고조시키는 데 전광훈 같은 이가 고함쳐 대는 막말의 난장은 잘 어울렸다. 이런 극우 현상을 흔히 '올드라이트' 현상이라고 부른다.

반면 '아스팔트 극우' 현상과는 다른 새로운 극우 현상도 이 시기에 나타났다. 이 새로운 극우주의 현상이 물결치는 대표적인 장은 '온라인 공간'이었다. 해서 나는 이를 '온라인 극우'라고 부르고자 한다. 리더도, 중심 가치도 없는, '위반의 정치(politics of transgression)'로 점철된 담론장에서 조롱과 증오가 물결친다.[13] 그런 곳에서 일어나는 극우주의 현상을 '온라인 극우'라고 표현한 것이다. 여기서는 개체화된 개인들이 키득거리며 혐오적 대상(으로 낙인찍힌 이들)을 향해 조롱

---

12) 여기서 '소외'는 경제적, 문화적, 세대적 차원을 포괄한 표현이다.

13) 안젤라 네이글, 『인싸를 죽여라: 온라인 극우주의, 혐오와 조롱으로 결집하는 정치 감수성의 탄생』(오월의봄, 2022) 참조.

과 야유를 퍼붓는다. 미디어 비평가인 박건일은 이런 극우행동의 동기를 '주목경쟁(attention struggle)'이라고 말했다. 즉 "이념을 위해 주목을 추구하는 게 아니라 주목을 위해 이념을 추구하는" 것이 온라인 극우의 특징이라는 것이다.14)

한데 이런 주목경쟁의 사회심리는 신자유주의적 무한경쟁이 일으킨 열패감 혹은 '예감된'15) 열패감과 관련이 있다. 이런 과도한 스트레스가 초래할 피로증후군에서 회피하려는 무의식적 행위의 하나가 바로 주목경쟁 게임이라는 것이다. 지나치게 과장된 언행이 사회적 논란을 불러일으키면 자기 효능감을 발견함으로써 쾌락을 느끼게 된다는 것이다. 그런데 이 시대는 민주주의적 질서가 매우 강력하게 사회를 이끌고 있는 시대였다. 아직 잔재가 남아 있는 권위주의시대의 폭력과 부조리의 청산은 이 시대 민주주의 담론의 중요한 과제였다. 이런 규범적 질서를 학습하며 성장한 청년들이 그 규범적 가치를 위반하는 언행을 벌였다. 당연히 그것은 논란을 불러일으켰다. 즉 그들의 위반은 주목경쟁에 효과적이었다. 이렇게 온라인 극우 담

---

14) 박건일, 「한국의 온라인 극단주의」, 《KISO Journal》 18호(2015.3.28)(https://journal.kiso.or.kr/?p=5950).

15) 이 용어는 '비판적 류쿠학' 연구자인 도미야마 이치로(富山一郎)의 '폭력의 예감(予感)'에서 빌려온 것이다. 도미야마에게서 이 용어는 막연히 지각하고 있지만 그렇다고 감히 말하지 못하는 상황을 함축하고 있다. 즉 신자유주의적 열패감의 상태를 지칭할 때 흔히 사용되는 '번아웃' 혹은 소진성 질환 상태에 있다고 자신의 상태를 절망적으로 말하는 데 주저하고 있지만, 그렇게 될 우려감에서 벗어나지 못해서 스트레스 과잉 상태에 놓여 있는 정서적 차원을 말하기 위해 이 단어를 쓰고 있는 것이다. 도미야마 이치로, 『폭력의 예감』(그린비, 2009) 참조.

론은 활발해졌다.

개신교계의 온라인 극우는 이와 겹치면서도 조금은 다르다. 이런 주장을 편 개신교 기관들은 자신의 활동을 '미디어 선교'라고 명명했다. 이 표현은 주목경쟁이라는 용어와는 뉘앙스가 다른, 곧 가치 지향적 활동의 함의가 들어 있다. 즉 미디어 선교 활동가들은 주목받기 위해 민주주의적 가치를 위반하는 언행을 벌이는 것이 아니라, 그런 반민주적 신앙/신념 때문에 위반을 하고, 그런 것으로 인해 주목을 받게 된다는 것이다.

하지만 네트워크적 요소가 더 강한 미디어 선교를 벌이는 기관들도 생겨났다. 이 단체들을 중심으로 미디어 선교라는 표현보다는 '플랫폼 선교'라는 표현이 더 선호되었다. 플랫폼은 활동가들에 대한 조직적 이념교육 같은 것이 약화된다. 반면 주목경쟁이 훨씬 더 게임처럼 벌어진다. 그 플랫폼 안에서 반민주적 언행을 경쟁적으로 벌임으로써 사회적 논란을 한층 더 증폭하고 더 만족스러운 자기효능감을 확인하게 된다는 것이다.

그런데 플랫폼으로서의 온라인 공간이 더 활성화되면서, 주목경쟁은 적잖은 경제적 부가가치를 발생시켰다. 하여 증오를 생산하고 유통하면서 자기효능감을 극대화하는 온라인 극우는 '혐오경제(economics of hate)'라는 자본의 축적 시스템(capital accumulation system)을 발견하게 되었다. 혐오 자체가 초과이윤을 발생시키는 자본축적 행위가 되는 것, 그것이 바로 플랫폼 선교의 특징인 것이다. '선교'라는 용어는 그렇게 축적된 혐오경제의 추악함을 세탁하는 종교적 담론의 장치다. 이런 온라인 극우의 탄생이 실현된 시기가 바로 21세기 한국사회이며, 강남권의 신흥 대형교회 현상은 이런 변화의 추동자였다.

아이러니하게도, 한국 세계화의 첨병역할을 함으로써 성공을 이룬 21세기형 대형교회의 중심 세력은 세계화의 종말을 도모하는 냉전체제와 극우주의 운동에 대해 대체로 무관심하다.16) 하지만 그들의 물적, 상징적 자본의 과점 현상은 실패의 나락에 빠지거나 그럴 위기에 놓인 이들의 열패감을 생산한다. 2010년대에 이르면 바로 이 지점에서 극우주의가 활성화되었다. 그런데 극우주의는 세계화와 쌍생아인 플랫폼 중심의 온라인 공론장에서 자본축적의 기회를 누리고 있다.

정치로서의 선교, 선교로서의 정치

기억전쟁에서 극우는 또다시 패배한 것으로 보인다. 영화 〈서울의 봄〉과 〈파묘〉의 대대적 성공은 진보의 서사가 문화자본 시장에서 여전히 막대한 경쟁력을 갖고 있음을 입증하였다. 〈건국전쟁〉을 포함

---

16) 나는 21세기형 대형교회를 후발대형교회라고 불렀는데, 1980년대 어간 대형교회로 부상한 교회들을 가리키는 선발대형교회의 구별을 위해 사용한 것이다. 물론 이러한 시간적 분류를 경직되게 적용하는 것은 금물이다. 즉 개개 교회들이 이 유형에 꼭 부합하는 것은 아니라 경향적으로 그렇다는 것이다. 가령 시기상으로는 '후발'에 속하지만 리더십 유형상으로는 선발에 가까운 경우도 있고, 두 요소가 절충되어 나타나는 경우도 있다. 그렇지만 후발대형교회 리서치를 위해 십여 개 교회의 예배에 참여한 결과에 의하면, 후발대형교회로 분류된 교회들의 경우, '선발'에 비해, 반공보수주의적인 메시지나 그 밖의 표현들이 매우 절제되어 있었다. 이런 양상을 이념형(ideal type)적으로 규정하고자 '후발대형교회'라는 용어를 사용한 것이다.

한 극우의 서사는 극영화 시장으로 거의 진출조차 못한 상황이다. 이 영화는 매스미디어의 호들갑스러운 보도경쟁에도 불구하고 이승만에 대한 호감도를 미미한 정도로만 초과했다. 그것은 이번 선거국면에서 극우정치가 고전을 면치 못하는 사정과 맞물린다. 영화의 서사가 사실의 은폐와 왜곡, 설득력 없는 변용과 과장으로 점철되어 있는 것처럼, 한국의 극우정부는 경제도, 정치도, 사회도, 국제외교도, 아니 입질해댔던 거의 모든 영역에서 총체적으로 무능함과 무책임함, 불공정과 몰상식의 정권임을 스스로 실토해버렸다. 하여 2024년 4·10총선은 결과가 나오기도 전에 '레임덕'을 넘어서 '조기종식' 여론이 비등한 상황에서 치러지게 되었다.

개신교의 이례적인 '조용한 분위기'는 바로 이런 여론지형을 어느 정도 반영하고 있다. 보수대연합은 상상할 수도 없고, 어느 보수주의 분파도 약간의 관심조차 끌어내는 데 성공하지 못하고 있다. 반면 개혁 혹은 진보진영은 압승을 예상하고 있다.

하지만 지금의 국면을 무턱대고 낙관만 할 수 있는 상황은 아니다. 윤석열 정부가 심각한 정치적 타격을 받을 것, 아니 어쩌면 회복 불가의 지경에 이를 수도 있다는 것은 매우 가능성 높은 기대일 수 있지만, 그렇게 되었다고 해도 그 이후가 좀 더 멋진 세상이 될 것이라고 장담할 수 없다. 권위주의 정부의 귀환이라고 할 수 있던 박근혜 정권을 몰락시킨 촛불혁명이 있었고, 그렇게 해서 등장한 문재인 정권에게 정부와 의회를 압도적으로 장악하도록 열렬한 지원을 아끼지 않았던 민주적 시민문화가 충분히 성숙해 있었지만, 문재인 정권은 거의 아무런 개혁도 실행에 옮기지 못했고 심지어 극우주의 세력이 내부에서 자라나고 있었다.

해서 선거연합과 탄핵연합이 전부가 아닌, '그 이후까지' 계속되는 '개혁 혹은 진보 정치'가 필요하다. 정권교체만이 아닌 '사회교체'를 지향하는 정치 말이다. 이런 관점에서 현재의 국면에서 주목해야 하는 것은, 전 세계적으로 위험 수위를 넘나들고 있는 극우주의 현상이다. 앞에서 살펴보았듯이 신자유주의적 세계화의 무한경쟁체제는 '실패한 자' 혹은 '실패의 예감에서 헤어나지 못한 자'들을 포용할 수 없는 사회로 만들어버렸다. 그리고 이런 사회적 배제의 장으로 더 적나라하게 내몰리는 이들 사이에서 극우주의가 자라나고 있다.

교회는 이런 비대칭적으로 양극화된 사회 형성에 가장 중요한 추동세력의 하나다. 특히 21세기 어간 이후 대형교회 대열에 들어선 교회들이 그렇다. 이런 교회들 사이에서 이른바 '풍요의 신앙'이 발전했다. 한데 이런 신앙논리에 따르면 '풍요'는 공짜로 주어지는 것이 전혀 아니다. 풍요를 위한 비용이 만만치 않다. 사회적 연줄망은 그런 비용이 풍요라는 성과로 전환되는 데 매우 유효한 자원이다. 이것은 신자들로 하여금 이들 대형교회적 규율체계에 자발적으로 순응하게 하는 내적 동력이다. 그리고 이렇게 '잘 규율된 신자'를 더 많이 보유한 교회일수록 더욱더 성공을 구가하는 데 유리했다. 이런 신자유주의적 순환고리가 21세기적 대형교회 현상을 둘러싸고 있다. 그리고 대형교회 현상은 성공하지 못하여 열패감에 빠져 있는 교회들에도 강한 영향을 미치고 있다. 즉 '대형교회 없는 대형교회 현상'이 널리 메아리치는 상황이다. 그 메아리는 아름다운 소리처럼 변조되어 있지만, 그 이면에는 '부드러운 배제와 폭력'이 소음처럼 깔리고 있다.

그런 은은한 소음의 현장에는 '호혜적인 것이 유실된 야만'이 꿈틀대고 있었다. 바로 여기에 극우주의가 자라나고 있었다.[17]

하지만 일부 성공한 교회들과 일부 작은 교회를 추구하는 교회들 사이에서 호혜적 신앙을 강조하는 담론이 제기되었다. 물론 그 구체적 담화 내용은 다소 다르지만, 호혜적 신앙의 요청이라는 점에서 여러 교회들과 그리스도인들은 생각을 공유하고 있다. 경제학자 칼 폴라니(Karl Polanyi)에 의하면, 인류의 역사는 경쟁하는 타자를 제압하고 파괴함으로써 성공을 이룩한다는 약탈경제로만 작동해온 것이 아니다. 서로 상호적이고 호혜적인 방식의 상생의 경제도 작동함으로써 세계는 존속해왔다. 그는 이런 호혜적인 상생의 경제를 '사회적 경제'라고 명명했다. 그런 사회적 경제를 강조하는 체제로의 전환 혹은 보완을 추구하는 신앙운동이 사회교체를 지향하는 그리스도인의 정치로 이어지는 것은 당연한 과제다.

한편 오늘날 극우주의가 위험스럽게 확산되었다는 점을 유념할 때, 극우주의와 친화적일 수 있는 그리스도교[18]의 오래된 관행이 있다는 점에 대한 비판적 점검이 필요하다. 개신교를 포함한 그리스도교 신앙은 오랫동안 '장벽'을 쌓으면서 발전해온 역사를 갖고

---

17) 프랑스의 사회학자 장 피에르 르 고프(Jean-Pierre Le Goff)는 신자유주의적인 자발성과 적극성을 강조하는 배제의 사회를 '부드러운 야만(la barbarie douce)'이라고 불렀다. 이영자, 「프랑스의 '좌익 근대화'와 배제의 사회」, 《현상과 인식》 26권 4호(2002.12), 29~33쪽 참조.

18) 한국사회에서 통상 '기독교'를 개신교와 동일시한다. 해서 여기서는 개신교만을 가리킬 때는 개신교 혹은 기독교라는 단어를 쓰고, 그리스도 계보의 모든 종단을 포괄하고자 할 때는 '그리스도교'라는 단어를 사용하였다.

있다. 장벽은 타자와 우리를 구별하는 무수한 장치들을 통해서 작동된다. 그런 장벽을 허물어내는 일은 오늘 우리에게 요청되는 성찰적 과제다.

이 점에서 최근 한국교회의 행보가 문제적이다. 많은 교회와 성직자들, 그리고 신자들이 곳곳에서 신앙적 구별짓기를 실행에 옮기고 있다. 여기에는 '영성'이라는 종교성의 내면적 프레임이 작동하고 있다. 성서에서 영은 몸의 장벽, 시간의 장벽, 공간의 장벽, 인종의 장벽, 성의 장벽 등, 무수한 벽을 무효화하는 신앙 코드로서 발견된 것인데, 근대적 그리스도교는 그것을 도리어 장벽 쌓기의 도구로 활용해왔다. 그것은 전통적 장벽을 허물고 낯선 것들과 재조합을 모색하는 융합의 시대정신에 역행하는 모습이다. 해서 그리스도교는 점점 더 사회로부터 고립되는 양상을 보이기도 한다. 더욱이 그런 낡은 신앙의 고수 및 강화 현상이 극우주의와 결합되곤 한다. 적을 지목하고 배척하며 공격하는 태도는 극우주의와 닮았기 때문이다. 하여 극우주의를 극복하는 그리스도교 정치가 더욱 필요하다. 특히 성소수자나 이민자 등, 교회가 광적으로 환대 거부를 주장해온 존재들에게 교회는 문을 열고 마음을 여는 정치가 요청된다.

주목할 것은 이런 타자 환대의 정치를 무한히 확장하려는 신학적 담론도 제기되고 있다는 점이다. 동물, 미생물, 나아가 무생물로까지 확대되는 '살림의 정치'로 이어져야 한다는 것이다. 코로나 팬데믹 사태나 기후위기 사태 같은 재앙을 통해 '우리'의 범주를 최대한 넓히지 않으면 우리 자신의 생존 가능성까지도 위험에 빠뜨릴 수 있다는 것을 절감했기 때문에 이런 살림의 정치는 절박하게 다가왔다. 해서 그리스도인의 정치는 모든 존재들과 상생의 관계를 만들어 내고, 우리 문화 속에 내재된 죽임의 관계를 극복하려는 '살림의 정치'로까지 연결되어야 한다는 얘기다.

　마지막으로 우리는 온라인 극우 문제와 대면할 필요가 있다. 온라인 극우는 온라인 공간이 한층 강화한 '주목경쟁'에 '혐오'라는 코드를 연결시켰다. 미디어 선교 혹은 플랫폼 선교라는 이름으로 혐오의 정치가 추구되는 것이다. 하지만 온라인의 세계는 이렇게 주목경쟁을 혐오로만 코드화되도록 작동하고 있지 않다는 점에 주목할 필요가 있다. 그것은 일종의 기억전쟁이다. 혐오의 자리에 다른 기억을 연결할 때도 주목경쟁에서 성공을 거두는 일이 허다하기 때문이다. 다른 기억은 때로 정치의 내용을 크게 바꾸어낸다. 그 한 예를 우리는 BTS 현상에서 볼 수 있다. 이 보이 그룹은, 자본집약적인 문화산업의 기회를 적극 활용하면서도, 호혜적이고 상생적인 방식의 대중음악을 온라인 공간에서 구사했다.[19] 그들을 환호하는 대중은 타자를 혐오하는 게 아니라, 고통을 겪는 이들에게 공감하고 마음과 물질을 나누는 일에 참여했다. 그럼으로써 주목을 받았다. 나아가 그것은 엄청난 자본효과를 불러왔다. 혐오의 자리에 호혜가 들어갈 수 있는 미디어 선교와 플랫폼 선교가 가능하다는 것이다. 이렇게 그리스도교의 장벽을 넘어서서 벌이는 선교는 정치가 되며, 그런 정치야말로 오늘 우리에게 절박하게 요청되는 선교가 된다.

---

19) 이호은, 『BTS로 신학하기』(가제), 오월의봄, 2025년 출간 예정.

극우주의와 기독교
포스트세계화 시대 민중신학적 정치비평
살림정치의 관점에서

초판 1쇄 발행 2024년 4월 25일

글 쓴 이   김진호
펴 낸 이   김진호
디 자 인   최시내
펴 낸 곳   홑가분
등   록   2022년 10월 11일 제2022-000267호
주   소   서울 마포구 월드컵로 23길21, 401호(망원동)
전   화   010-3078-8208
이 메 일   kjh55940@daum.net
인   쇄   반석기획

ISBN   979-11-981545-1-4 03230